크로스오버 그룹 '악단광칠(ADG7)'의
콘서트 현장

체코 프라하 광장에 울려 퍼진
국악 버스킹

무대에서 연행하는
풍물놀이 공연

조선 왕실에 대한 제사,
종묘대제에서의 종묘제례악 연행

국립고궁박물관에서 관객들과 신나게 호흡하는
국악관현악 공연 현장

포구락, 고려 시대부터 전해져온
궁중 공놀이

지역 주민과 함께 하는
우리 주변의 국악

생동감이 넘치는
통영오귀새남굿 복원 현장

처음 만나는
국악 수업

처음 만나는

이동희 지음

국악 수업

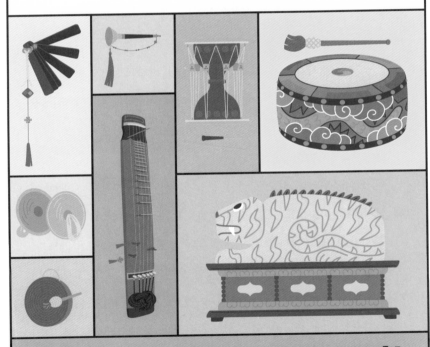

40가끼 주제로 읽는 국악 인문학

초봄책방

제가 국악을 전공하게 된 것은 지극히 우연이었습니다. 도시락을 매일 싸고 싶지 않다는 어머니의 회유로 급식을 주는 국악중학교로 입학한 것이 계기가 되었는데, 그렇게 30년 이상 이 전공을 하게 되리라고는 상상조차 하지 못했습니다. 국악의 'ㄱ' 자도 모르고 시작했던 국악은 생각보다 마음에 들었지만, 낯설고 어려웠으며 때로는 지루했습니다.

학창 시절부터 그리고 지금까지도 여전히 지인들은 제 전공에 대해 신기해합니다. 그도 그럴 것이 저도 제 전공이 여전히 신기하거든요. 하지만 이제 낯설지는 않게 되었습니다. 그렇다면 제가 국악과 조금씩 친해지게 된 이야기, 국악에 대한 오해와 진실, 국악에 대한 다양한 정보와 가십, 그리고 이 음악이 오늘날 어떤 의미가 있는지 주변의 사람들에게 조금은 서툴지만 친절하게 알려주는 역할을 해야 하지 않을까 하는 생각이 들었습니다.

이 책은 무수한 시행착오를 거치면서 이제야 제가 조금씩 깨달은 국악을 대중이 단기속성처럼 조금은 더 쉽게 이해할 수 있도록 돕기 위한 목적으로 만들었습니다. 여전히 저는 '쉬운 국악'에 대해 고민 중이고, 그 고민을 담기에 저의 필력은 한참 부족하지만 그래도 진심을 담아 많은 분에게 제가 아는 한도에서 국악 이야기를 전해드리고 싶었습니다. 누군가에게는 책에 담긴 특정 이야기가 친근하게 또는 깊게 와닿기를 바랍니다.

책은 크게 '국악에 대한 오해와 진실', '이 정도만 알아도 국악 마스터', '국악곡에 숨은 비밀', '알면 더 좋은 국악에 대한 몇 가지 지식'의 4부로 구성하였습니다. 먼저 1부에서는 제 주변 분들이 국악에 대해 가장 많이 물어보셨던 보편적 관념에 대해 접근하며 국악에 대한 약간의 오해, 그리고 그에 대한 진실부터 이야기하였습니다. 2부에서는 국악과 관련한 다양한 상식을 함양할 수 있는 가장 캐주얼한 내용을 담았고, 3부에서는 다양한 국악곡 또는 국악 장르를 살펴보며 각각이 가지고 있는 비하인드 스토리를 매개로 친근하게 음악에 다가갈 수 있도록 시도하였습니다. 마지막으로 4부에서는 국악 관련 설문조사, 크로스오버 국악 이야기, 플레이리스트 추천, 그리고 마지막에 읽는 책 사용설명서로 마무리하였습니다.

이 책을 만들기 위해 적극적으로 손을 내밀어주시고, 생각했던 것처럼 원고가 잘 써지지 않을 때마다 한없이 믿고 기다려주신 초봄책방 김민호 대표님과 출판사 식구들께 진심으로 감사드립니다. 또한 제가 이러한 콘셉트의 책을 쓰고 싶게 만든 계기가 되어준 주변의 소중한 지인들에게 진심으로 고맙습니다. 마지막으로 항상 든든한 힘이 되어주시는 경인교육대학교 식구들, 전 직장 국립국악중·고등학교 식구들, 그리고 함께 공부했던 동학들, 여전히 사랑스런 아내 이명희, 착하고 건강하게 잘 커주고 있는 아들 이예준, 이예찬에게 감사를 전합니다.

석수동 연구실에서, 이동희 올림

국립국악고등학교는 제게 매우 특별한 의미를 지닌 학교였습니다. 국어 교사로서 고전문학을 가르치기 위한 추상적인 의무감 정도의 수준에 머물러 있던 국악에 대한 관심을 구체화해주었고, 몰랐던 여러 가지 지식도 알게 해준 학교였습니다. 특히 당시 함께 근무하고 계셨던 이동희 선생님께서 국악과 관련한 여러 가지 지식을 친절히 알려주셨는데, 이번에 저와 같은 일반인들이 국악에 대한 궁금증을 해소하고 여러 지식을 얻을 수 있는 책을 완성하여 마침내 출간하셨다는 소식을 들으니 반갑고 기쁜 마음을 금할 수가 없습니다. 이 책이 사람들에게 널리 읽혀 국악에 대한 교양과 관심을 넓히는 디딤돌이 되기를 진심으로 바라며 또 그렇게 되리라 굳게 믿어 의심치 않습니다. 아울러 이동희 선생님께는 다소 부담(?!)을 드리게 될 바람일 수도 있겠지만, 선생님의 손끝에서 이 책에 이은 제2, 제3의 역작이 계속 나올 수 있기를 기대해봅니다.

권순엽(자운고등학교 국어교사)

국악은 다채로운 빛깔을 가지고 있음에도 누군가가 만들어놓은 단 몇 가지 수식어로만 정의되고 판단되는 것이 안타까웠다. 그런 가운데 만난 저자의 글은 국악의 다양한 면을 담고 있어 반가웠다. 중학교 시절부터 국악의 매력을 몸으로 체득한 저자의 글을 읽다 보면 문자 너머에 있는 다양한 소리, 화려하지만 소박한 색채, 더 나아가 중후한 감정들이 전해진다. 저자의 진심이 많은 독자에게 닿아 국악의 새로운 매력이 발견되길 소망한다.

김경태(춘천교육대학교 교수)

시원하고 투명한 유리창 너머의 별천지는 잠시 스쳐 가는 순간에도 보는 이의 눈길을 사로잡는다. 반면 흔들리는 불빛에 일렁이는 문살의 춤은 창호지 너머를 꿈꾸는 이의 발길만을 머물게 할 뿐이다. 살아 있음을 설명해야 하는 음악의 몸부림은 처절할 수 있지만, 그 처절함도 기꺼이 사랑하는 필자의 손끝은 창호지 너머의 일렁이는 불빛이 얼마나 따뜻한지 느끼게 해준다.

안이호(소리꾼, 그룹 이날치 보컬)

'국악'이라는 단어 앞에서 늘 주저하던 우리에게, 이 책은 친절하고 세심한 길잡이입니다. 오랜 시간 국악의 숲을 거닐며 연구를 거듭한 저자는 많은 사람이 국악에 대해 가지고 있는 궁금증과 오해를 정확하게 짚어냈습니다. 'K-POP', '지하철' 등 일상의 언어로 풀어낸

40개의 국악 이야기를 읽으며 국악이 이토록 가깝고 친근한 음악이 었다는 걸 깨닫게 됐습니다.

양효걸(MBC 기자)

이 책에는 어린 시절부터 오랜 시간 동안 국악을 사랑해온 이동희 교수의 깊은 통찰력과 헌신이 고스란히 담겨 있다. 그의 글을 통해 우리는 국악의 아름다움을 새롭게 발견하며, 그 진심 어린 열정에 마음을 빼앗기게 될 것이다. 국악을 처음 접하는 사람부터 애호가에 이르기까지, 이 책은 각각의 눈높이에서 국악의 매력을 전달하며, 우리 문화에 대한 애정을 더욱 키워주는 마법을 선사해줄 것이다.

옥지성(동서식품 마케팅 팀장)

목
차

PART 1

국악에 대한 오해와 진실

PART 2

이 정도만 알아도 국악 마스터

PART 4

알면 더 좋은 국악에 대한 몇 가지 지식

40
가
지
주
제
로
읽
는
국
악
인
문
학

PART 1

국악에 대한
오해와 진실

국악은 다 느린가요?

　일반적으로 '국악'을 떠올리면 '느린 음악'이라는 생각을 하게 됩니다. 하지만 우리가 평소에 접하는 대중가요에도 느린 음악과 빠른 음악이 있듯이, 국악이라고 모두 느리지는 않습니다. 서양음악에 비해 느린 음악이 많기는 해도 국악에는 예상보다 훨씬 빠른 음악들도 있어요. 예시로 아래의 음악들을 감상해볼까요?

▶ 〈양청도드리〉(4분 34초부터)

▶ 사물놀이

　방금 들어본 음악들을 우리가 제법 익숙한 메트로놈 빠르기로

환산하면 4분음표(♩) 기준 약 200 전후입니다. 이 음악들에 맞춰 아날로그형 메트로놈을 작동시키면 폭우가 몰아치는 날 폭주하듯 작동하는 자동차 와이퍼처럼 보일 것 같습니다.

서양음악에 비해 국악에 느린 음악이 많은 이유는 뭘까요? 무엇보다 빠르기의 기준 단위가 서로 다르기 때문이에요. 서양음악은 맥박을 빠르기의 기준으로 삼지만, 국악은 호흡을 빠르기의 기준으로 삼습니다. 그래서 느린 음악이 많지요. 이러한 현상은 특히 양반과 중인 중심의 음악인 '정악'에서 두드러집니다. 국악에서 4분음표(♩) 기준으로 약 20 정도로 연주하는 가곡을 조선시대에는 '빠를 삭_數'을 붙인 〈삭대엽_{數大葉}〉이라 하였습니다. 그러니 당시 국악이 얼마나 느렸는지 짐작할 수 있겠습니다. 그럼 4분음표 기준 20 정도의 느린 음악도 들어볼까요?

◯ 가곡 여창 〈우조 이삭대엽〉 '버들은'

그런데 여기에 엄청난 반전이 있습니다. 우리 선조들도 느린 음악을 좋아하지 않았음을 문헌을 통해 확인할 수 있습니다. 조선 후기 실학자 이익이 쓴 『성호사설』 권13 '국조악장_{國朝樂章}'을 보면 다음과 같은 내용이 있습니다.

慢者, 極緩, 人厭廢久. 中者, 差促, 亦鮮好者.

今之所通用, 卽大葉數調也.

　해석하면 이렇습니다. 〈만대엽〉은 너무 느려서 많은 사람이 싫어하므로 영조 때 이미 없어졌으며, 〈중대엽〉은 조금 빠르나 역시 좋아하는 이가 적다고 하였으니 당시 널리 쓰인 것은 〈삭대엽〉뿐이다.' 가곡은 본래 〈만대엽〉, 〈중대엽〉, 〈삭대엽〉의 세 종류가 있었는데, 그중 가장 빠른 〈삭대엽〉만 생존한 셈이지요. 〈삭대엽〉도 4분음표(♩) 기준으로 약 20의 빠르기인데, 〈만대엽〉과 〈중대엽〉을 부르거나 듣던 선조들은 얼마나 속이 터졌을지 상상이 됩니다. 사실 〈만대엽〉과 〈중대

이익(1629~1690)과
「성호사설」 표지

엽〉은 양반이 주로 향유하던 노래였습니다. 그러다 18세기가 되면서 풍류 문화가 양반 중심에서 중인 중심으로 자연스럽게 옮겨 가면서 〈삭대엽〉을 중심으로 한 가곡이 유행하게 된 것입니다. 양반들도 빠른 음악을 좋아했지만 체면을 중시해 마음을 다스리며 느린 음악을 향유했을지도 모르겠습니다.

그러고 보면 '빨리빨리'는 바쁜 현대사회를 살다 생긴 한국인의 후천적 특징이 아니라, 오래전부터 한국인에게 깊이 내재되어 있던 선천적 특성이 아닐까요?

02

국악은 정간보만 사용하나요?

국악을 지면에 기록할 수 있도록 악보를 처음 발명한 사람은 조선의 4대 왕인 세종대왕(재위 1418~1450)입니다. 많은 사람이 알고 있듯이 세종대왕의 업적은 훈민정음 반포, 『고려사』 편찬, 집현전 설립을 통한 학문 발전, 앙부일구, 자격루 등 과학기구의 발명, 무기 개발, 4군 6진 개척, 대마도 정벌, 유교 사상 발전, 농업 생산량 확대와 『농사직설』 편찬 등 당대의 모든 분야에서 두루 나타났는데, 음악 분야에서도 범접하기 어려운 큰 업적들을 남겼지요.

세종대왕은 군주이면서도 음악가로도 유명합니다. 세종대왕의 어명으로 편경[1]을 제작한 박연에게 세종대왕은 '이칙(夷則)'이라는 음에 해당하는 경석(磬石) 한 매(枚)가 약간 높다고 지적하였는데, 알고 보니 밑

---

1 두 층의 걸이가 있는 틀에 한 층마다 두께에 따라 서로 음이 다른 여덟 개 경석(磬石)을 매어 달고 각퇴(角槌)라는 채로 치는 타악기.

그림으로 경석에 새긴 먹물이 다 갈리지 않았다고 합니다. 이는 『세종실록』 권59의 기록으로, 세종대왕이 절대 음감의 소유자였음을 알게 해주는 근거자료로서 잘 알려져 있지요. 또한 〈여민락〉, 〈보태평〉, 〈정대업〉 등의 곡을 작곡할 때 막대기를 땅바닥에 두드려 박자를 가늠해가며 하루 사이에 음악을 만들어냈다는 이야기도 있지요. 그럼 막대기로 두드려 만든 천재 작곡가 세종대왕의 음악 두 곡을 감상해볼까요?

▶ 〈종묘제례악〉 중 〈전폐희문〉, 〈소무〉

▶ 〈여민락〉

　　세종대왕은 집권 전기에 조선의 건국이념인 예악禮樂의 실현을 위하여 박연에게 아악의 정비를 우선으로 하도록 하였습니다. 그렇게 제향, 조회, 회례에 사용할 아악의 정비가 완료된 후, 궁중 연향에 사용할 새로운 음악들을 작곡합니다. 이때 만든 음악이 세종대왕의 애민愛民 정신을 담아 지은 『용비어천가』를 가사로 하여 만든 〈여민락〉과 오늘날 우리가 〈종묘제례악〉의 구성 곡으로 알고 있는 〈보태평〉과 〈정대업〉입니다.

그런데 당시에는 새로운 곡을 기록으로 담을 기보법이 마련되지 않았습니다. 그래서 세종대왕은 음의 높낮이를 가늠하게 해주는 '황黃', '태太', '중仲' 등의 율자보律字譜를 '우물 정井' 모양 안에 넣는 정간보井間譜를 창안합니다. 이를 활용하여 만든 우리나라 최초의 악보가 『세종실록』 권136부터 권147에 담기게 되지요.

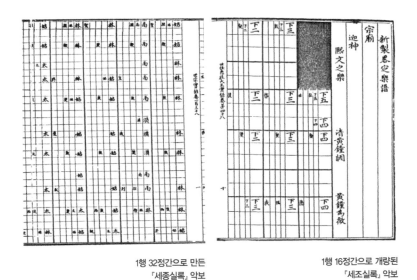

1행 32정간으로 만든
『세종실록』 악보

1행 16정간으로 개량된
『세조실록』 악보

그런데 이 악보를 세종대왕의 아들인 7대 왕 세조(재위 1455~1468)가 보다 편리하게 개량합니다. 세조는 1행 32정간의 악보를 1행 16정간으로 줄이고, 빠르기와 박자를 가늠할 수 있도록 굵은 선의 '대강

大綱'을 만들었습니다. 또한 황종黃鍾부터 응종應鍾까지 12율려로 이루어진 율자보 대신 중심음인 궁宮을 기준으로 위로 다섯 음, 아래로 다섯 음을 기보할 수 있는 오음약보五音略譜를 창안하여 정간보 안에 병용倂用합니다.

이렇게 세조가 개량한 기보의 방식은 『세조실록』 악보를 비롯하여, 연산군에서 중종 연간에 편찬된 『시용향악보』, 영조 대에 편찬된 『대악후보』, 그리고 조선시대 마지막 관찬官撰 악보(국가기관에서 편찬한 악보집)인 『속악원보』까지 두루 활용되어 궁중음악을 지면에 기록할 수 있는 수단이 되었습니다.

한편 민간에서는 궁중의 기보법과는 다른 방식으로 악보를 제작했습니다. 물론 정간보와 율자보 등을 활용하여 제작한 악보도 간혹 있었지만, 매우 드물었지요. 궁중 밖에서 만들어진 최초의 악보인 안상의 『금합자보』(1572)를 비롯하여 이후에 만들어진 양덕수의 『양금신보』(1610), 이득윤의 『현금동문유기』(1620), 신성의 『현금신증가령』(1680), 응천후인의 『한금신보』(1724), 김성기의 가락을 담은 『어은보』(1779) 등 16~18세기의 악보들은 거문고의 여러 기호를 조합하여 만든 '합자보合字譜'라는 기보 방식으로 악보를 편찬했어요.

합자보는 오늘날에도 당대의 음악을 거의 비슷하게 복원할 수 있게 할 정도의 정확성을 자랑하지만, 암호표처럼 복잡하여 지금은 쓰이지 않습니다. 당시는 임진왜란과 병자호란 등으로 국가가 매우 혼란스러웠던 시기였습니다. 그래서 악보를 읽는 편리함보다는 음악의 단절을 막기 위해 스승이 알려주듯 정확히 지면에 담아야 했어요. 이렇게 정확하게 음악을 표기했던 계층은 대부분 풍류 문화를 향유하는 양반이었습니다.

그러다가 농경제 실학자로 유명한 서유구가 『임원경제지』 안에 수록한 『유예지』(1800년경)를 기점으로, '육보音譜'라는 기보 방식이 조금 더 중시되었습니다. '구음보音譜'라고도 부르는 육보는 악기 소리를 흉내 내어 한글 또는 한자로 적는 기보법입니다. 이는 악기마다 적는 방식이 제각각이지만 사용이 편리하여 현재도 교육의 목적으로 매우 잘 활용되고 있습니다. 초등학교 때부터 우리가 배웠던 장구의 '덩', '쿵', '덕', '더러러러'라든지, 거문고의 '슬기둥', '징'이라든지, 대

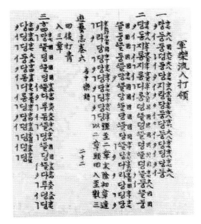

합자보가 주를 이루는
「금합자보」

육보가 중심이 되고 합자보의 기호가
양측으로 배치된 『유예지』

금, 피리 등의 '나', '누', '너', '노', '느' 등이 모두 육보입니다.

이외에도 공척보, 약자보, 연음표, 궁상자보, 대강보, 수파형 곡선보, 삼조표 등 다양한 기보법이 있었습니다. 하지만 오늘날에는 정간보와 율자보와 육보를 함께 사용하는 방식을 사용하고 있습니다. 정간보는 정확한 음의 길이를, 율자보는 정확한 음의 높이를 표기할 수 있고, 육보는 이를 구음口音으로 불러 연주자가 선율을 익히거나, 교사가 학생에게 음악을 쉽게 가르치기 위한 방편으로 활용하고 있습니다.

다만 모든 국악을 정간보, 율자보, 육보로 기보하지는 않습니다. 앞에서 설명했듯이, 기보법을 만들어 지면에 담았던 조선시대의 음악은 궁중음악과 양반 중심의 음악입니다. 조선 후기에 발생하였거나 크게 발전하였던 판소리, 산조, 민요, 잡가, 시나위, 풍물놀이 등의 민속악은 일상에서 절로 익히도록 한 구전심수口傳心授로 전해지다가 대한민국정부가 수립된 이후에나 악보화되었지요. 그런데 이 음악들은 율자보나 정간보로 표현하기에는 박자가 복잡하거나 미세하게 분절되는 음이 많았기에, 정확한 표기를 위하여 오선보를 사용하여 표기하게 되었답니다. 요즘 만들어지는 창작국악도 작곡가가 오선보에 만드는 음악이지요.

정간보 중심의 정악보   오선보로 표기한 '시나위' 악보

국악은 한이 생명인가요?

1993년에 개봉해 한국 영화로는 최초로 100만 관객을 돌파한 판소리 영화 〈서편제〉를 보면, 딸(오정해 분)을 소리꾼으로 만들고 싶었던 아버지(김명곤 분)가 딸을 실명시켜 한恨이 맺히게 만드는 장면이 나옵니다. 영화에서 아버지는 소리꾼에게 가장 중요한 덕목이 '한'이라고 생각했던 모양이에요. 21세기를 살아가는 현대인의 정서로는 도무지 이해가 되지 않는 행동이지요? 그렇지만 그 장면은 많은 이들의 심금을 울렸던 명장면으로 기억되고 있습니다.

우리나라 예술에서는 한의 정서를 담은 경우가 많은데, 특히 국악에서 자주 보입니다. 다만 이는 '계면조界面調'라는 특정한 선법의 보편적 정서로서, 국악 전체를 포괄하는 일반적인 특징은 아닙니다. 계면은 한자로 '지경 계界'와 '얼굴 면面'의 결합으로, 이익의 『성호사설』에 의하면 "계면이라는 것은 듣는 자가 눈물을 흘려 그 눈물이 얼굴에 경계를 만들기 때문에 붙여진 이름이다"라고 설명되어 있습니다.

이를 통해 계면조는 예로부터 듣는 이의 눈물샘을 자극하는 한의 선법이라는 것을 알 수 있습니다. 다만 오늘날에는 이익이 설명한 계면조에 완전히 부합하는 음악이 남도(전라도), 즉 육자배기토리권의 민속악에서 주로 등장할 뿐입니다. 다른 장르 및 지역에서는 그런 한을 표출할 만큼 슬픔이 유발되는 국악이 드뭅니다. 서편제는 판소리 중에서도 특히 계면조적 요소가 강하게 반영된 대표적인 육자배기토리권의 음악이죠. 동명의 영화에서도 한의 정서가 영화 전반의 중심축으로 활용된 것입니다. 슬픔의 정서가 가장 잘 나타나는 육자배기토리권의 대표적인 계면조 노래를 몇 곡 들어볼게요.

▶ 〈육자배기〉

▶ 판소리 〈심청가〉 중 '심봉사 눈 뜨는 대목'

들기만 해도 조선시대 선조들의 한이 팍팍 느껴지지 않나요? 저는 국악을 30년 넘게 했어도 이 곡들만 들으면 얼굴에 경계가 생긴답니다. 아무래도 MBTI가 F라서 그런가 봐요. 그렇다면 육자배기토리가 아닌 다른 국악에서는 전혀 한이 느껴지지 않을까요? 반드시 그렇지는 않습니다. 육자배기토리에서의 계면조와 조금 다르지만, 계면조로 된 음악은 더 있거든요. 대표적으로 동부 민요인 '메나리토리'가 있습니다.

메나리토리는 함경도, 강원도, 경상도의 음악이 가진 특징을 의미하는 말입니다. 이 지역은 지리적으로 낭림산맥과 태백산맥에 의해 서부의 평야 지대와 단절되어 있었어요. 그래서 산맥의 동쪽 지역을 따라 음악의 특징 또한 길게 연결되어 있었습니다. 메나리토리에서 가장 유명한 노래는 〈정선아리랑〉입니다. 우리가 부르고 있는 아리랑의 원조는 바로 메나리토리 지역인 강원도 평창, 정선 지역의 〈아라리〉인데요. 많은 사람이 2018 평창동계올림픽 개막식에서 이 지역 아리랑 명인이 부른 곡의 애잔함을 기억할 것 같습니다. 그 외에 〈한오백년〉, 〈신고산타령〉, 〈강원도아리랑〉 같은 노래를 들으면 육자배기토리 계면조와 다른 한의 정서가 느껴질 것입니다.

제 생각에 육자배기토리가 격정적 슬픔을 주로 표현한다면, 메나리토리는 마음속 한 부분이 공허하게 아픈, 그런 한이 느껴집니다. 정말 그런지 잠시 감상해보시죠.

◑ 〈한오백년〉

◑ 〈정선아리랑〉

한이 느껴지는 국악은 고려가요에서도 찾아볼 수 있습니다. 고려가요는 그 선율이 지금까지 남아 있지 않지만, 노랫말이 『고려사』, 『악장가사』, 『시용향악보』 등에 전해지고 있어 그 내용을 파악할 수 있습니다. 고려가요의 내용에는 임금에 대한 충성이나 송축, 남녀 간 사랑 이야기, 부모에 대한 효, 기쁨의 표현 같은 스토리가 많습니다. 또한 부부간의 절절한 이야기나 원망이 담긴 노랫말도 꽤 찾아볼 수 있습니다. 유명한 고려가요 〈가시리〉의 가사를 해석해보면 다음과 같습니다.

가시렵니까 가시렵니까 나를
버리고 가시렵니까 나를
나는 어찌 살라 하고
버리고 가시렵니까 나를
붙잡아두고 싶지만
서운하면 아니 올까 두려워
서러운 임을 보내옵나니 나는
가시자마자 돌아오소서

눈으로만 읽어도 너무 한이 맺히지 않나요? 이렇듯 고려시대에도 한의 정서를 노래한 선조의 모습을 엿볼 수 있습니다. 조선시대에는 여성이 부르는 가곡에서 이러한 정서를 느낄 수 있는데요. 주로 여성

기녀들이 풍류방에서 양반 및 중인과 어울리며 불렀던 조선 후기의 음악이랍니다. '여창 가곡'은 애틋한 사랑이나 그리움을 주제로 한 시조 시를 노랫말로 사용하여 한의 정서를 정적情的으로 표현하고 있습니다. 여창 가곡 〈계면조 평거〉는 조선 중기 문신 김상용(1561~1637)이 지은 시조 시 「사랑이 거짓말이」를 노랫말로 사용했습니다. 그 노랫말을 살펴보죠.

거짓말이 거짓말이 임 날 사랑 거짓말이

꿈에 뵌단 말이 그 더욱 거짓말

날같이 잠아니 오면 어느 꿈에 뵈리

이 작품은 작자가 충성심이 깊었던 문신이었다는 점에서 '임'을 왕으로 해석하기도 하지만, 기본적으로 내재된 정서가 사랑하는 사람에 대한 그리움과 원망입니다. 임이 나를 사랑한다는 말은 거짓말이고, 꿈에 보인다는 말은 더욱 거짓말이라는 정서는 아무래도 누구나 한 번쯤 겪어봤거나 또는 겪어볼 가슴 시린 사랑의 정서가 아닐까요?

그렇지만 이 주제의 제목처럼 모든 국악이 한의 정서를 담고 있지는 않아요. 우리가 평소 자주 듣는 대중가요나 팝송에도 정말 다양한 주제가 있듯이, 국악도 마찬가지였거든요. 음악은 예나 지금이나 늘 사람들의 정서를 대변하는 매개가 되기 때문입니다. 단지 우리의 선조들은 신분 사회, 평균 수명 등의 문제로 오늘날의 우리보다 슬픈 일이 더 많았을지도 모른다는 생각이 듭니다.

국악은 꼭 한복을 입고 해야 하나요?

한복을 입고 국악을 연주하는 모습은 TV 프로그램이나 영화 등을 통해 익숙하게 봤던 장면이 아닐까 합니다. 실제로 많은 사람이 '국악'이라는 단어를 듣고 바로 떠올리는 대표적인 단어가 '한복'이기도 합니다. 그만큼 국악은 한복과 관련이 깊다 할 수 있겠습니다. 연주자들이 입는 다양한 한복을 살펴보죠.

먼저 궁중음악 연주에는 붉은색의 홍주의를 입습니다.

홍주의는 조선시대에 편찬된 의궤에서도 그 모습을 볼 수 있습니다. 이 복장은 조선 후기의 악사들이 궁중에서 입던 관복으로 알려져 있습니다. 이러한 전통은 지금도 이어져 궁중음악 연주 때 악사들이 홍주의를 입고 있어요. 참고로 지휘자 격인 '집박'은 홍주의 대신 '청삼'이라는 녹색 옷을 입습니다.

군대 음악인 〈대취타〉를 연주할 때는 '황철릭'이라는 노란색 옷에 '남전대'라는 파란 띠를 두릅니다. 그런 연주자들이 모여 있으면 위풍

홍주의를 입은 조선 후기의 악사들
《무신진찬도병》

홍주의를 입은 악사들과
청삼을 입은 집박

〈대취타〉 연주 모습

당당하게 느껴집니다. 조선시대에 이 옷을 입고 〈취타〉 계열 음악을 연주한 군인들을 떠올려보면 장관이었을 것 같습니다. 그리고 〈대취타〉를 지휘하는 '집사'는 검정색 관복을 입고 '등채'라는 두꺼운 지휘봉을 들고 연주에 참여합니다. 멀리서 봐도 한눈에 들어오는 복장이죠.

그 외에도 사물놀이를 할 때, 풍류방에서의 음악을 연주할 때, 잔치에서의 음악을 연주할 때, 민요를 부를 때, 기악 독주 음악인 산조를 연주할 때 등 레퍼토리마다 연주자들은 각기 다른 모습의 한복을 입지요. 그래서 다양한 레퍼토리로 구성된 국악 공연에서는 곡마다 바뀌는 한복의 자태를 관람하는 것 또한 큰 즐거움이랍니다.

그렇지만 모든 국악이 다 한복을 입고 연주하는 것은 아닙니다. 조선시대까지는 선조의 생활 복장이 한복이었으니 당연히 한복을

사물놀이 연주 모습

궁중의 잔치 음악
〈평조회상〉의 연주 모습

입었겠지만, 근대 이후 새롭게 생겨난 국악은 장르의 특성에 맞게 적절한 옷을 입었지요. 대표적으로 국악관현악, 창극, 크로스오버 국악을 살펴보겠습니다.

국악관현악은 1960년대부터 본격적으로 활성화됩니다. 그전부터 김기수, 지영희 등 작곡가에 의해 국악기 편성으로 만든 관현악곡이 창작되었는데요. 1960년대부터 국악관현악단이 등장하면서 놀라운 속도로 발전했습니다. 국악관현악은 서양식 오케스트라 편성과 유사하게 중앙에 지휘자가 있고, 양옆과 앞쪽으로 연주자들이 배치됩니다. 한복을 입고 연주하기도 하지만, 복장에 구애받지 않기 때문에 보통은 정장풍 옷을 입고 연주하고는 합니다. 지휘자는 우리가 일반적으로 생각하는 지휘자 복장, 즉 턱시도나 중국식 옷깃의 지휘복을 입고 지휘봉으로 악단을 이끌죠.

창극과 크로스오버crossover 국악의 복장은 더 자유롭습니다. 20세기 초반, 판소리를 1인 1역으로 각색하여 여러 악기로 반주를 구성하

국악관현악 연주 모습

고 무대 위에 올리면서 시작된 '창극'은 본래 〈춘향가〉, 〈심청가〉, 〈흥보가〉, 〈적벽가〉, 〈수궁가〉 같은 기존 판소리를 주제로 하였습니다. 그러나 시간이 지나면서 오늘날에는 주제의 한계가 아예 없는 장르가 되었어요. 그러다 보니 다양한 복장을 활용하게 된 것이죠.

　최근에 크게 히트한 창극 공연의 주제를 보면 서양 고전을 창극으로 만든 〈리어〉, 〈트로이의 여인들〉, 〈살로메〉, 중국의 경극을 창극으로 재해석한 〈패왕별희〉도 있습니다. 얼마나 주제가 다양하고, 그에 따라 복장도 다양할지 상상이 되겠죠?

　크로스오버 국악의 복장은 최근 TV에서 방영한 JTBC의 〈풍류대장〉 또는 MBN의 〈조선판스타〉를 통해 선보였습니다. 크로스오버 국악이란 국악과 다른 장르가 교차한다는 의미로, 주로 국악과 재즈,

창극 〈리어〉의 복장

국악과 밴드음악, 국악과 서양 클래식 음악 등이 섞인 형태입니다. 음악 자체가 크로스오버이니 복장도 자연스럽게 크로스오버가 되곤 하죠.

정리하자면, 국악의 연주 복장은 전통적으로 한복 중심이었지만, 요즘에는 장르에 따라, 개성에 따라, 주제에 따라 정말 다양한 복장이 국악 공연에 등장하고 있다 할 수 있습니다. 그렇다면 TV 등에서 접한 국악이 어떤 복장을 착용하고 연주되는지를 보면 해당 음악의 종류를 짐작할 수 있지 않을까요? 아니면 복잡한 생각 없이 그냥 국악을 감상하면서 다채로운 복장을 즐겨 보면 어떨까요?

국악은 조선시대에
만들어졌나요?

　국악이 언제부터 존재했는지에 대해 주변 사람들이 물어보는 경우가 많습니다. 그리고 많은 사람이 국악은 조선시대에 처음 만들어졌다고 생각하기도 합니다. 그런데 그 출발점을 명확하게 말하기는 어렵습니다. 국악은 아주 오래전부터 이 땅에 살던 선조들과 함께해왔기 때문이죠.

　일단 현재까지 전하는 국악을 기준으로 이야기해보겠습니다. 국악에는 조선시대에 만들어진 레퍼토리가 가장 많은 것이 사실입니다. 건국 초 세종대왕이 만든 〈여민락〉, 〈보태평〉, 〈정대업〉부터 시작하여, 조선 후기 풍류방에서 양반을 중심으로 형성된 취미용 음악인 〈영산회상〉, 〈도드리〉, 〈천년만세〉, 〈청성곡〉, 가곡과 시조 같은 정가正歌, 그리고 민속악을 대표하는 판소리와 산조도 조선시대에 만들어졌으며 지금도 대표적인 국악 레퍼토리로 통합니다.

풍류방 음악인
'가곡'의 연주 모습

우리나라의 역사에는 일제강점기라는 슬픔이 있습니다. 조선시대는 그 슬픔을 맞이하기 직전의 왕조였습니다. 그로 인해 소위 '전통적'이라 하는 산물들을 만들 마지막 시기가 아니었나 생각합니다. 그나마 다행히 조선시대에 행해졌던 수많은 음악이 일제강점기에도 선조의 노력으로 명맥을 유지할 수 있었습니다. 그래서 조선시대에 만들어진 다양한 레퍼토리를 우리가 현재도 구사할 수 있게 된 것이죠.

그렇다고 모든 국악이 조선시대에 만들어진 것은 결코 아닙니다. 삼국시대부터 통일신라시대로, 고려시대를 거쳐 조선시대로 자연스럽게 전승된 것으로 보는 음악 〈수제천〉도 있고, 고려시대에 송나라로부터 유입되어 정착된 제사음악 〈문묘제례악〉, 궁중의 의식음악 〈보허자〉, 〈낙양춘〉도 있습니다. 무속음악의 선율 반주에서 독립했기 때문에 조선시대보다는 확실히 이전에 만들어진 것으로 보이는 시나위, 그리고 그 연원을 명확히 알 수 없지만 무속음악의 타악 반주에서 독립하여 선조들의 삶과 늘 함께해왔던 풍물놀이도 조선시대 이전에 형성된 음악이랍니다.

놀랍지만 일제강점기에 만들어진 국악도 꽤 있습니다. 문화통치 기간이던 1920년대와 1930년대에는 생각보다 많은 국악이 만들어졌고, 음반 제작과 라디오방송으로 새롭게 만들어진 국악이 널리 유행했지요. 대표적으로 우리나라 사람이라면 누구나 아는 민요인 〈아리랑〉이 있습니다. "아리랑 아리랑 아라리요, 아리랑 고개로 넘어간다, 나를 버리고 가시는 님은, 십리도 못 가서 발병난다." 이 노랫말은 거의 애국가 수준이죠. 그런데 이 노래가 1926년에 만들어졌다는 사실은 대부분 모릅니다.

그 외에도 이 시기에 아주 다양한 민요가 등장하였고, 판소리에서 파생된 창극도 크게 유행하였으며 대금산조, 해금산조가 처음 출현했습니다. 비록 시기적 제약이 있었지만 이러한 음악들은 조선시대를 지나 '전통'이라는 옷을 그대로 입고 오늘날까지 전해지고 있지요. 또한 이 시기에 처음 국악관현악이 등장했고 그에 따라 국악계에 '전문 작곡가'의 개념이 생겼지요. 아무튼 현재까지 전해지는 국악 레퍼토리는 대부분 조선시대에 만들어졌지만, 그 출발을 명확히 알 수 없는 오래된 음악부터, 비교적 오래 지나지 않은 일제강점기까지, 그 생성의 시기가 천차만별이죠.

그러면 이번에는 국악을 연주하는 수단인 국악기로 시선을 돌려 보겠습니다. 조선시대를 중심으로 많은 국악 레퍼토리가 형성되었다면 국악기도 조선시대에 만들어진 것이 대부분일까요? 아닙니다. 전통적인 국악 레퍼토리가 조선시대에 대부분 만들어졌던 것과 달리, 이 음악을 연주한 악기들은 대부분 조선시대 전부터 존재했습니다. 대표적으로 가야금, 거문고, 대금, 피리 같은 악기는 삼국시대부터 이미 활발하게 사용되었습니다. 장구, 아쟁, 태평소, 해금 등은 고려시대에 송나라 또는 원나라에서 들어와 우리나라 실정에 맞게 정착되었습니다. 편종, 편경 같은 제사음악용 아악기들은 고려 전기에 이미 우리나라로 유입되었는데, 세종대왕 때 박연에 의해 완벽히 정비되어 현재까지 전해지고 있지요.

물론 조선 후기에 만들어지거나 유입된 악기들도 일부 있습니다. 양금은 조선 후기에 양반과 중인이 취미를 즐기던 공간인 풍류방에서 크게 유행한 악기였고, 단소, 세피리 같은 악기도 풍류방에서 사용하기 위해 기존의 퉁소, 향피리를 개량하여 음량을 대폭 줄인 것입니다. '앉아서 치는 북'이라는 뜻의 좌고는 야외 무용반주 때 큰북 역할로 조선 후기부터 민간에서 사용되던 것이 나중에 궁중에서도 사용된 것입니다. 해방 이후 20세기 후반에도 창작 국악 연주를 위해 25현 가야금, 대피리, 모둠북 등 다양한 악기가 개량되었고 아주 보편적으로 잘 활용되고 있지요.

결국 국악은 우리가 가늠하지 못하는 아주 오래전부터 조금씩 축적되어 만들어진 음악이라고 봅니다. 물론 특정 시기에 유난히 그 발전이 진전된 경향이 있지만, 선조의 삶과 늘 함께하며 기쁨과 슬픔을 표출하는 수단으로서, 때로는 어떠한 목적을 가지면서 지금까지 전해지고 있습니다.

한 가지 더, 국악은 과거 산물이 아닌 현재진행형입니다. 과거로부터 이어진 전통이기도 하지만, 오늘날 많은 사람이 함께 즐기고 공감하는 21세기의 문화이기도 하죠. 그래서 현재를 사는 세대의 특성에 맞게 지속적으로 진화하며 동시대성을 확보해가고 있답니다. 선조가 남겨준 그 모습 그대로의 국악을 오롯이 계승하는 것도, 국악을 시대의 흐름에 맞게 변화하여 적용하는 것도 모두 중요합니다.

40가지 주제로 읽는 국악 인문학

PART 2

이 정도만 알아도
국악 마스터

일상 속 국악 장르

2024년 현재, 서울 지하철에 〈풍년〉이 온 지 약 1년이 지났습니다. 〈풍년〉은 서울을 비롯한 수도권에서 지하철을 타면 항상 들을 수 있는 새로운 환승 음악입니다. "풍년이 왔네 풍년이 왔네, 금수강산에 풍년이 왔네, 지화자 좋다 얼씨구나 좋다"로 시작하는 경기 민요 〈풍년가〉를 박경훈 작곡가가 가야금의 청량한 음색으로 경쾌하게 풀어낸 창작국악입니다. 〈풍년〉은 우리에게 비교적 익숙한 민요 선율을 모티브로 삼아 창작되었습니다. 그래서 처음 듣는 사람도 익숙하게 들리지요. 사실 풍년이 오기 전 14년 동안 서울 지하철의 환승을 책임졌던 〈얼씨구야〉 또한 김백찬 작곡가가 자진모리장단을 기반으로 만든 창작국악입니다. KTX를 타면 종착역에서 울려 퍼지는 신나는 음악은 강상구 작곡가가 만들고 가야금 연주자 이슬기와 배우 이하늬 자매가 연주한 〈해피니스Happiness〉라는 창작국악입니다. 그렇다면 창작국악은 우리가 일반적으로 생각하는 전통 국악과 어떤 점에서 차이가 있을까요?

창작국악은
작곡가가 오선보에 그려낸 음악

　전통적으로 국악은 작곡가가 창작한 음악이라기보다는 연주자들이 음악을 다양하게 변주하는 과정에서 만들어진 음악입니다. 다시 말해 각 음악을 작곡한 사람을 명확히 알 수 없다는 뜻이죠. 물론 세종대왕 같은 성군聖君께서 백성을 위해 음악을 직접 만드셨다는 것은 『세종실록』을 통해 알 수 있지만, 이는 지극히 일부 경우입니다.

　서양 클래식 음악의 경우 비발디, 바흐, 헨델은 바로크 시대 작곡가이고 하이든, 모차르트, 베토벤은 고전주의 작곡가 그리고 슈베르트, 쇼팽, 리스트, 브람스, 바그너는 낭만주의 작곡가라고 하는 등 사조마다 대표 작곡가들이 있습니다. 하지만 국악은 작곡가 중심으로 설명하기에는 그 발생 배경 자체가 완전히 다릅니다.

　그런데 20세기 중반부터 김기수, 지영희, 김희조, 황병기, 이성천, 박범훈 등 국악에서도 작곡가가 출현합니다. 이들은 전통 국악에서 도출할 수 있는 장단, 악조, 악기 편성 등의 음악 요소들을 활용하여 오선보에 서양식 작곡 기법으로 곡을 만들었습니다. 그 결과로 국악 관현악, 실내악, 협주곡, 독주곡 등 다양한 장르의 새로운 국악이 출현했지요.

곡에서 표출되는 느낌이 너무 무서워 '관객이 세 번 들으면 죽는다'는 괴담이 나올 정도로 유명해진 황병기 작곡가의 〈미궁〉, 신명 나는 사물놀이와 국악관현악의 협주로 유명한 박범훈 작곡가의 〈신모듬〉이 이렇게 탄생했습니다.

그러다가 1985년, '슬기둥'이라는 크로스오버 국악그룹이 등장하면서 국악계에는 새로운 양상의 창작국악이 뿌리를 내리고, 창작국악 안에서도 다변화가 나타납니다. 앞서 이야기했던 국악 요소를 기반으로 하되 음악의 동시대적 발현을 위해 실용음악의 코드 진행과 비트를 비롯하여 국악기가 아닌 다양한 악기들을 적극 활용하여 남녀노소가 쉽게 접근할 수 있는 대중 친화적 국악을 선보인 것이지요. 그 후로 창작국악은 급진적으로 변모했고 대중성을 갖춘 다양한 레퍼토리가 등장하였습니다.

한국관광공사에서 선보인 유튜브 홍보영상 'Feel the Rhythm of Korea'를 통해 세계적으로 유명해진 밴드 이날치의 〈범 내려온다〉, 미국 공영 라디오방송 NPR MUSIC의 '타이니 데스크 콘서트Tiny Desk Concert'에 출연하여 화제가 된 국악그룹 '씽씽'과 '악단광칠ADG7'의 레퍼토리, 지하철 음악인 〈풍년〉, Mnet 〈너의 목소리가 보여 2〉에서 화제가 된 〈쑥대머리〉가 판소리, 경기 민요, 서도 민요를 기반으로 만들어진 대표적인 크로스오버 창작국악입니다. 그 외 성악가 신문희가 부른 〈아름다운 나라〉의 원곡인 한태수 작곡가의 〈Fly to the Sky〉,

2002 부산아시안게임 공식 주제곡인 양방언 작곡가의 〈프론티어 Frontier〉, 기아자동차 K8의 광고음악인 거문고 연주자 박다울의 〈거문 장난감〉은 누구나 들으면 '아, 이 노래구나!' 하고 바로 알아차릴 수 있는 대표적인 창작국악입니다. TV에서도 창작국악을 소재로 한 경연 프로그램이 제작되었습니다. JTBC의 〈풍류대장〉, MBN의 〈조선판 스타〉가 화제 속에 방송된 바 있어요.

정악은
양반과 중인의 음악

그렇다면 조선시대까지 우리 선조들은 어떤 음악을 향유했을까요? 전통적인 국악은 양반과 중인 중심의 '정악正樂'과 서민 중심의 '민속악民俗樂'으로 양분할 수 있습니다. 물론 조선 후기부터 근대로 진입하는 과정에서 음악 향유층의 경계가 자연스럽게 허물어지기는 했습니다. 하지만 정악과 민속악은 그것이 최초로 발생한 장소와 계층에서 차이가 있지요.

정악은 본래 양반과 중인이 삼삼오오 모여 취미로 음악과 시낭송, 서예, 그림, 바둑 등을 즐기던 조선 후기 '풍류방'의 음악을 의미했습니다. 실학자로 유명한 홍대용, 박지원도 우리나라에 양금을 처음 도입한 풍류방 음악 애호가였고, 흥선대원군 이하응도 가야금을 즐기던 풍류객이었지요. 그러나 오늘날에는 조선시대까지 궁중의 각종 제사의식과 잔치에 활용되던 음악까지 포괄하는 넓은 의미로서 정악의 개념이 확장되었습니다. 즉 상대적으로 신분이 높았던 계층에 의해 생성되고 향유되던 음악을 정악이라 칭하는 것이지요.

우리가 사극 드라마나 영화에서 종종 볼 수 있는 국악, 예를 들어 영화 〈쌍화점〉에서 고려 왕으로 등장한 주진모가 연주한 거문고 음악, 영화 〈전우치〉에서 강동원이 하늘에서 내려올 때 궁중 악사들이 연주하던 〈취타〉, 궁중에서 왕이 행차하거나 연회가 진행되는 장면에 등장하는 음악은 모두 '정악'에 해당합니다.

BTS 슈가_{Agust D}가 발표했던 〈대취타〉에서 태평소 소리와 함께 "명금일하 대취타 하랍신다"로 시작하는 인트로 샘플링은 슈가가 학창시절 음악 시간에 배웠던 〈대취타〉의 시작부입니다. 이 또한 대표적인 정악이죠. 그리고 유네스코 인류무형문화유산으로 보존·계승되고 있는 〈종묘제례악〉, 프랑스에서 개최된 제1회 유네스코 아시아 음악제에서 그랑프리를 받은 〈수제천〉도 정악으로 분류됩니다.

민속악은 서민이 감정을 표출한 음악

반면 민속악은 기층基層, 즉 사회에서 상대적으로 신분이 낮은 서민을 중심으로 생성되고 향유된 음악을 의미합니다. 대표 장르로 '판소리'가 있습니다. 판소리는 조선 숙종 무렵에 발생한 장르로, 지배층에 대한 저항을 직설적인 희로애락喜怒哀樂과 해학으로 풀어낸 소위 프롤레타리아 음악이었습니다. 본래 12마당 이상이었으나 치정극이나 복수의 이야기를 담은 내용들을 과감히 덜고 삼강오륜三綱五倫에 부합하는 교훈적 이야기를 담은 〈춘향가〉, 〈심청가〉, 〈흥보가〉, 〈수궁가〉, 〈적벽가〉의 다섯 마당만 전해지고 있죠.

판소리는 오늘날 역할을 나누어 연행하는 '창극'의 형태로도, '가야금 병창'의 형태로도, '여성국극'의 형태로도 분화되어 대중과 소통하고 있습니다. 여담이지만 트로트의 여왕이 된 송가인, 〈미스트롯2〉의 우승자 양지은은 판소리 전공자로 잘 알려져 있습니다.

그 외에도 기악 독주 음악으로 알려진 '산조', 해외 한인 커뮤니티, 학교 동아리 등을 비롯하여 다양한 장소에서 꽹과리, 장구, 북, 징의 네 가지 악기로 연행되는 '사물놀이', 전통적인 마을 행사에서 빠지지 않던 '풍물놀이' 혹은 '농악', 우리가 초등학교 때부터 음악 시간을 통해 종종 접해왔던 〈아리랑〉, 〈도라지타령〉, 〈천안삼거리〉, 〈진도아리랑〉, 〈풍년가〉, 〈한오백년〉, 〈옹헤야〉, 〈밀양아리랑〉, 〈너영나영〉, 〈새타령〉, 송소희가 불러 유명해진 〈태평가〉 등을 포괄하는 '민요', 서양 재즈와 마찬가지로 즉흥성이 강한 기악 합주 '시나위'도 모두 민속악으로 분류됩니다.

민속악은 전통적으로 대중의 삶과 밀접해서 정악보다 귀에 친숙한 편이며, 창작국악의 모티브로 자주 활용되기도 합니다. 그래서 감정 절제를 지향하는 정악과 달리 음악을 통해 적극적으로 감정을 표출한다는 점이 특징입니다.

이렇게 우리 생활 주변에서 접할 수 있는 국악은 창작국악, 정악, 민속악의 세 범주로 구분할 수 있으며 각기 발생, 연행 계층, 목적, 음악의 특징에서 차이를 보입니다. 국악은 알고 감상하면 더 잘 들립니다. 주변에서 흘러나오는 가야금 소리, 대금 소리, 장구 소리에 귀를 기울이며 그 범주를 생각해보면 더 즐겁게 들릴 것입니다.

자연의 소리를 닮은
국악기 소리

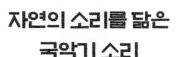

 사람들에게 국악기의 소리가 어떤지 물어보면 '자연의 소리와 비슷하다', '자연을 닮았다'는 이야기를 많이 합니다. 이 글을 보는 독자도 비슷한 생각을 할 것 같네요. 국악기의 소리가 자연의 소리를 닮은 이유는 국악기를 만드는 재료 대부분이 자연물이기 때문입니다.

 국악에서 악기를 만드는 데 필요한 재료는 총 8가지로, 대한제국기의 백과사전인 『증보문헌비고』(1903~1908)에 의하면 이 8가지 재료를 '팔음八音'이라고 칭했습니다. 팔음의 종류에는 쇠붙이, 돌, 명주실, 대나무, 바가지, 흙, 가죽, 나무가 있는데, 이를 금부金部, 석부石部, 사부絲部, 죽부竹部, 포부匏部, 토부土部, 혁부革部, 목부木部라고 합니다. 그럼 각 재료에 해당하는 대표적인 악기들을 볼까요?

 먼저 쇠붙이를 사용하여 만드는 금부金部 악기에는 편종, 특종, 방향, 징, 꽹과리, 나발 등이 있습니다. 편종은 가장 낮은 '황종' 음을 내는 종부터 시작하여 반음씩 차례대로 총 16개 종을 매단 악기입니다. 특종은 '황종'이라는 한 개 음만 내는 큰 종을 매단 악기입니다. 즉 편종에는 16개, 특종에는 1개 종이 있습니다. 방향은 16개 건반이 있는 큰 실로폰 같은 악기이고, 나발은 〈대취타〉에 편성되는 나팔 종류 악기입니다. 징과 꽹과리는 굳이 설명하지 않아도 알 것 같습니다.

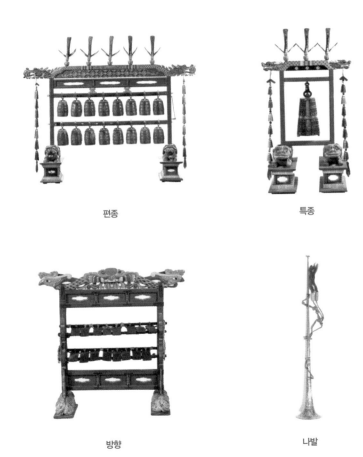

편종

특종

방향

나발

돌로 만드는 석부石部 악기에는 편경과 특경이 있습니다. 편경은 2장에서 이야기했듯이 세종대왕이 절대음감 소유자라는 일화로 유명한 악기인데요. 편종과 마찬가지로 '황종'부터 '청협종'까지 음을 내는 16개의 ㄱ자 모양 돌을 매단 악기입니다. 특경은 특종과 마찬가지로 '황종' 음을 내는 1개의 ㄱ자 모양 큰 돌로 만들었지요.

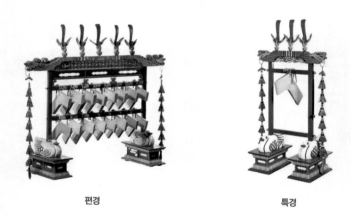

편경   특경

명주실로 만드는 사부絲部 악기는 우리가 국악기 중 현악기라고 인식하는 대부분의 악기가 해당합니다. 가야금, 거문고, 해금, 아쟁, 비파. 다들 이름은 들어보았을 것입니다. 우륵이 전파한 12줄의 가야금, 왕산악이 만든 6줄의 거문고, 2개의 줄로 가장 넓은 음역을 소화하는 해금, 중후하고 슬픈 소리가 나는 아쟁, 그리고 요즘은 잘 연주되지 않지만 특유의 매력을 가진 비파는 명주실을 꼬아 그 줄

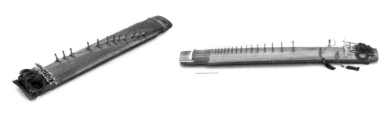

가야금   거문고

해금

대아쟁   소아쟁

을 만들었습니다.

참, 아쟁은 크기와 용도에 따라 정악에서 사용하는 대아쟁과 민속악에서 사용하는 소아쟁으로 구분합니다. 비파는 중국에서 온 당비파와 먼 옛날 한반도로 건너와 토착화된 향비파의 두 종류로 구분합니다.

향비파   당비파

대나무로 만드는 죽부竹部 악기로는 초등학교 때부터 접해 친숙하지만 소리 내기가 어려웠던 단소, 소금 등이 모두 포함되지요. 사실 국악기 중 관악기는 대부분 대나무를 가공해 만듭니다. 6개의 지공이 있는 대금, 중금, 소금, '서'라고 부르는 리드reed를 관대에 끼워 연

대금

중금

소금

지

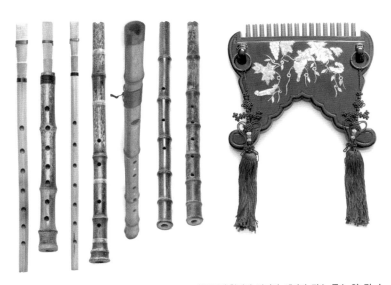

왼쪽부터 향피리, 당피리, 세피리, 단소, 퉁소, 약, 적, 소.
퉁소는 단소의 2배 정도 길이로 대금만큼 깁니다.

주하는 향피리, 당피리, 세피리, 그리고 집에 하나씩은 있을 법한 단소와 그의 엄마 격인 통소. 그 외에도 약, 적, 지, 소 등 제사 음악에서 쓰는 외자 이름 관악기들도 대나무로 만듭니다.

바가지를 활용하여 만드는 포부袍部 악기에는 생황이 있고, 흙을 구워서 만드는 '도자기 악기' 토부土部 악기에는 훈, 부가 있습니다. 생황은 국악기 중 유일하게 화음을 낼 수 있는 악기입니다. 소리를 내는 원리가 하모니카나 파이프오르간과 비슷합니다. 여러 대나무 관대를 바가지로 된 밑판에 끼워서 소리를 내는 악기이지요. 훈은 오카리나와 유사한 음색의 관악기이고, 부는 비교적 큰 질그릇과 비슷한 타악기로 채로 악기 가장자리를 쳐서 소리를 냅니다.

가죽을 씌워서 만든 타악기는 혁부革部 악기라고 합니다. 장구, 북, 소고가 해당합니다. 그 악기들을 생각하면 혁부 악기를 쉽게 이해할

생황　　　　　　　　훈　　　　　　　　부

수 있습니다. 사실 8가지 재료로 만드는 악기 중 혁부에 해당하는 악기가 가장 많죠. 지금도 많이 쓰는 악기들로는 장구, 북, 소고 외에 몇 가지만 더 알면 충분하리라 봅니다. 제례악에 사용하는 작은 북

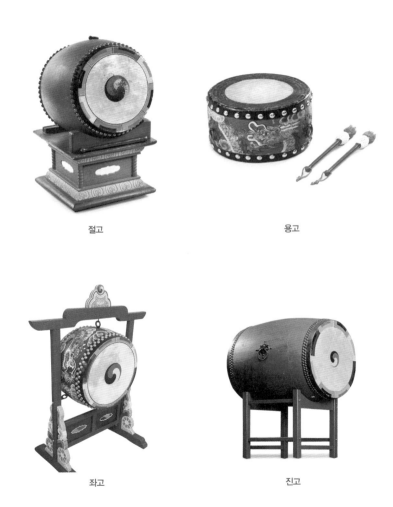

절고   용고

좌고   진고

절고와 큰 북 진고, 정악 합주나 무용 반주에서 큰북 또는 베이스 드럼 역할을 하는 좌고, 〈대취타〉에 편성되는 목에 걸어 치는 용고 정도가 있습니다.

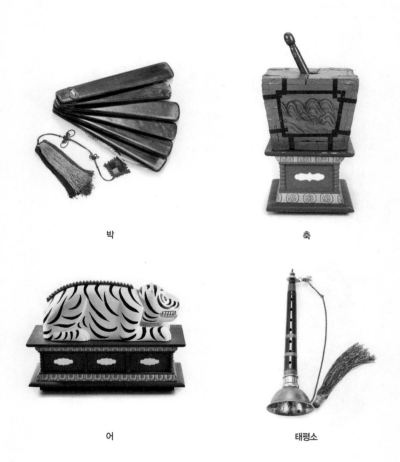

박

축

어

태평소

마지막으로 목부木部 악기에는 박, 축, 어, 태평소 등이 있습니다. 나무가 주재료인 이 악기들은 대나무로 만들지 않는다는 점에서 죽부 악기와 구분됩니다. 박은 주로 박달나무를 여섯 조각으로 만들어 끼워놓은 후 '착 착' 하고 슬레이트처럼 치는 악기로, 음악의 시작과 끝을 알립니다. 축은 제사 음악에서 음악의 시작을, 어는 제사 음악에서 음악의 끝을 알려주는 악기인데, 사진을 보면 둘 다 상당히 매력적인 모습입니다. 태평소는 '태평성대를 누리게 하는 소' 정도로 이해하면 됩니다. 40대 이상에게는 서태지와 아이들의 〈하여가〉 중 "난 그냥 이대로"부터 등장하는 국악기, 30대 이하에게는 슈가Agust D의 〈대취타〉에 나오는 국악기라고 하면 바로 이해가 가지 않을까요?

그런데 사진을 살펴보면 한 가지 악기에 두 가지 이상 재료가 쓰인 경우가 종종 있습니다. 이 경우 더 중요한 재료를 기준으로 분류했다고 보면 됩니다. 예를 들면, 가야금이나 거문고를 만들기 위해서는 명주실도 필요하고 나무도 필요하지만, 소리를 내는 데 더 직접적인 재료는 아무래도 명주실이니 사부 악기로 분류하는 것이지요.

이렇듯 국악기는 대부분 자연물을 크게 가공하지 않고 재료 본연에서 우러나오는 소리를 지향합니다. 자연의 소리, 국악. 멋지지 않나요?

국악 역사 파헤치기

　국악의 역사는 삼국시대 이전, 삼국시대, 고려, 조선 전기와 후기, 근현대로 구분하여 살펴볼 수 있습니다. 한국사에서 왕조사에 따라 시대 구분을 하는 것처럼 국악에서도 같은 방식으로 시대를 구분하는 것이 보편적이지요.

　삼국시대 이전 음악은 그 모습을 정확히 확인하기가 어렵습니다. 『삼국지』 '위지 동이전'을 보면, 부여의 영고, 고구려의 동맹, 동예의 무천, 마한의 5월제와 10월제와 같이 씨를 뿌릴 때와 추수할 때 하늘에 제사를 지냈는데, 이때 현재의 무속음악과 비슷한 형태의 음악이 있었다고 전해집니다. 또한 '고'라는 현악기가 있었던 것으로 보이는데, 우리가 알고 있는 대표적인 국악기인 가야금의 전신으로 추정합니다.

　고구려의 음악을 알 수 있는 대표적인 자료로는 두 가지가 있습니다. 안악 제3호분과 거문고입니다. 황해도 안악에서 발굴된 3호 고분을 통해 고구려가 당시에 중국 및 서역과 문화를 교류하면서 음악이 크게 발전하였음을 알 수 있습니다. 그리고 백제나 신라 음악에 비해 훨씬 발전했다는 것도 확인할 수 있습니다. 한편 중국에서 보내온 칠현금을 참고하여 왕산악이 4세기경에 거문고를 만들었는데, 우리나라 역사상 선비들에게 가장 사랑받는 악기가 되었죠.

안악 제3호분 후실의 무악도
(서역과의 문화교류 흔적)

당시 고구려의 거문고 모습을 확인할 수 있는
집안현 통구 무용총의 거문고 연주도

백제는 삼국 중 가장 먼저 일본에 음악을 전하였습니다. 1993년에 발굴된 '백제금동대향로'에 나타난 5명 악사를 통해 당시 백제에 사용된 악기 편성과 악기의 모습을 확인할 수 있습니다. '미마지'라는 사람이 중국에서 배워 와 일본에 전파한 기악무는 불교의 교훈적 이야기를 담은 가면 무용극으로, 오늘날의 양주 별산대놀이에서 그 흔적을 찾을 수 있습니다. 또한 〈정읍사〉와 같은 노래가 유행하였다고 전해지는데, 이 곡은 현재도 연주되고 있는 정악의 대표곡 〈수제천〉의 전신으로 알려져 있습니다.

백제금동대향로에 표현된
다섯 악사의 연주 모습

일본에 남은
기악무 가면

신라는 진흥왕 때 가야 사람 우륵을 통해 가야금과 가야의 음악
을 받아들여 새롭게 발전시켰습니다. 진흥왕은 우륵에게 계고, 법지,
만덕이라는 세 명의 제자를 붙여주었는데요. 우륵은 이 세 명에게

각각 가야금, 노래, 춤을 가르쳤다고 합니다. 이를 통해 당시 음악이 악기, 노래, 춤, 즉 악樂·가歌·무舞가 하나로 된 형태였음을 알 수 있죠. 이 음악이 진흥왕에 의해 신라의 궁중음악으로 채택되어 오늘날까지 가야 문화의 맥으로서 오롯이 이어졌습니다. 또한 최초로 국가 음악 기관인 음성서가 설립되었는데, 통일신라시대에 궁중음악을 크게 발전시키는 역할을 했습니다.

토우장식 장경호에 표현된
가야금을 연주하는 신라 토우

일본 정창원에 소장된
신라금(가야금)의 모습

676년에 신라가 삼국을 통일하면서 삼국의 음악 문화도 하나로 합쳐져 크게 발전하였습니다. 통일신라로 수용된 거문고는 옥보고 → 속명득 → 귀금 선생 → 안장·청장 → 극상·극종을 거치면서 대중에게 널리 보급되었고, 삼현三絃(거문고, 가야금, 향비파) 삼죽三竹(대금, 중금, 소금)의 악기 편성이 널리 쓰였지요. 나·당 연합군 시절, 신라에 주둔한 당나라 군대로부터 당악이 유입되면서 향악이라는 용어가

범패 중 바라춤과
나비춤을 추는 승려들

통일신라의 처용설화를
바탕으로 만든 처용무

생겨났습니다. 당시의 향악은 당악과 구분된 전래 향악은 물론 그전에 들어와 있던 외래 음악까지 모두 아우르는 용어가 되었습니다. 또한 승려와 지식층 사이에서는 '향가'라는 노래가 유행하였고, 신라에 이어 '음성서'에서 국가 음악을 주관하였으며, '진감선사'라는 스님이 9세기에 당나라에서 범패를 들여오는 등 불교음악이 발전했지요.

698년에 건국된 발해는 200여 년간 우리나라가 남북국 시대를 형성할 수 있도록 했어요. 거란에 멸망해 당시 음악 형태를 확실히 파악하기는 어려우나, 발해의 3대 임금인 문왕의 넷째 딸인 정효공주 무덤의 벽화에 그려진 악기들을 비롯하여 왕립 음악 기관이던 '태상시', 발해악과 발해금, 일본에 전해졌던 발해악에 대한 단편적 기록을 통해 당시 발해가 남다른 음악 문화를 형성했음을 알 수 있습니다.

또한 지난 2013년에 연해주 발해 유적에서 유라시아 초원 유목민의 악기인 '바르간'이 출토되어, 발해가 고구려 음악을 계승했을 뿐만 아니라 초원의 유목민 문화도 수용했음을 알 수 있습니다.

고려 전기에 태조 왕건은 통일신라의 전통을 이어받아 불교를 국교로 삼고, 송나라의 문화를 받아들이는 등 문화 발전에 이바지했습니다. 이때 통일신라의 불교 행사였던 연등회와 팔관회를 국가적 행사로 확대하였는데, 이 의식이 끝난 다음에는 노래, 악기, 춤을 즐겼다고 합니다. 한편 송나라를 통해 교방악敎坊樂과 사악詞樂이라는 음악이 유입되어 당악에 편성되었고, 송나라 휘종이 1116년에 대규모의

정효공주 무덤 벽화에 그려진
박, 공후, 비파의 모사도

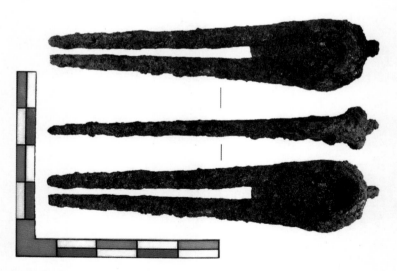

연해주 발해 유적에서 출토된 바르간

'아악'을 보내주면서, 우리 음악은 아악·당악·향악 세 종류로 구분되기 시작하였죠.

또한 궁중 무용인 '정재'가 유행하였고 〈청산별곡〉, 〈서경별곡〉, 〈가시리〉, 〈쌍화곡〉, 〈사모곡〉, 〈풍입송〉 등의 고려가요가 유행하였으며, 군대 음악인 고취악鼓吹樂과 탈춤 음악인 기악伎樂도 발전하였습니다. 음악 기관으로는 궁중 의식에 따른 모든 음악 활동을 관장했던 '대악서', 공인의 실질적 음악 연습과 교육을 위한 '관현방', 종묘에서의 노래와 연주를 익히기 위하여 관현방 폐지 후 설립된 '아악서'까지 세 가지가 있었습니다.

대악서는 후에 '전악서'로 개칭되어 아악서와 함께 조선시대로 이어집니다. 한편 고려 후기에는 무신정권과 몽골의 침략 등 여러 혼란이 있었고 이로 인해 국가 풍습이 변질되거나 희미해졌습니다. 특히 강화도 천도 후 음악가들이 뿔뿔이 흩어지면서 궁중음악이 원래 모습을 잃었지요.

조선 전기는 조선 건국(1392)부터 임진왜란(1592)까지입니다. 이 시기에는 고려 시대 음악을 이어받

『시용향악보』에 수록된
고려가요 〈청산별곡〉 악보

우리나라에서 가장 오래된
궁중 무용인 당악정재 〈포구락〉

공연장에서 선보이는
〈문묘제례악〉 연주

는 한편, 그 어느 때보다 외국의 영향을 받지 않고 독자적인 음악이

발전하였으며, 이를 통해 새로운 음악의 황금기를 맞이하였습니다.

사실 조선 건국부터 세종대왕 이전까지는 음악을 새롭게 창작하거나 정비하지 않았답니다. 개국공신 정도전과 하륜은 고려시대 음악을 그대로 답습하여 활용하되, 새로운 왕조와 군주를 찬양하는 〈정동방곡〉, 〈유황곡〉 등의 가사를 지어 올려 건국 초기 악정에 공헌하였습니다. 이를 통해 조선 건국의 정당화를 높였지요.

음악의 독자적 발전은 세종대왕 때 두드러집니다. 이 시기에는 동양 최초로 음의 길이를 알 수 있는 정간보가 창안되었고, 〈여민락〉, 〈보태평〉, 〈정대업〉 등 새로운 악곡을 창작하였으며, 박연을 통해 율관 제작, 편종·편경 등의 아악용 악기를 제작하고 아악 정비를 실시했습니다.

세조 때는 아버지인 세종대왕이 발명한 정간보를 간략하게 고쳐 오음약보를 만들었고, 5개로 분리되어 있던 궁중음악 기관을 '장악원'으로 통폐합하였으며, 〈보태평〉과 〈정대업〉을 〈종묘제례악〉으로 채택하여 오늘날까지 계승되는 〈종묘제례악〉의 기틀을 마련하였습니다.

성종 때는 조선 최고의 음악이론서인 『악학궤범』이 편찬되어 현재까지 전통 음악의 지침서로 두루 쓰이고 있지요. 또한 당악기의 향악기화 현상이 두드러져서 향악 연주에 당악기가 편성되는 '향당교주'가 이루어졌습니다.

조선 후기 음악은 임진왜란(1592)부터 서양음악이 들어온 개화 이전까지입니다. 임진왜란으로 많은 악기가 분실되고 파괴되고 음악가들이 죽거나 이직移職하는 한편, 일반 백성의 삶이 중시되면서 음악의 흐름이 궁중 중심에서 민간 중심으로 바뀝니다. 특히 18세기에는 새로운 문화의 수입과 실학사상의 발달로 문화의 형태가 매우 다양해졌어요.

임진왜란과 병자호란(1636)으로 파괴된 아악은 인조와 숙종대에 복구하였으나, 이전의 대편성에는 이르지 못하였고, 조선 말기에 일본의 내정 간섭이 시작되면서 국가 제사 의식이 폐지되어 현재는 공자와 그의 제자들에 대한 제사인 문묘제례에서만 겨우 명맥을 유지하고 있습니다. 당악은 이 시기부터 〈보허자〉와 〈낙양춘〉이라는 두 곡만 전하고 있는데, 이마저도 우리나라 식으로 향악화되고 노랫말이 탈락되면서 기악곡이 되었지요.

〈종묘제례악〉은 영조 때까지는 규칙적인 장단이었으나, 조선 말기에 불규칙하게 변하여 오늘날에 이르고 있습니다. 이처럼 궁중음악이 쇠퇴한 반면 중인 출신의 부유한 농·공·상인과 지방의 선비를 중심으로 풍류방 음악이 생겼습니다. 대표적으로 '정가'라고 일컫는 가곡·가사·시조와 거문고 중심의 음악인 〈영산회상〉, 〈보허사〉가 이에 해당합니다.

이 시기에 나타난 가장 뚜렷한 특징은 다양한 민속악의 분화와 발전입니다. 봉건사회가 무너지고 실학사상이 모든 부분에 영향을 미치면서 민족적 자각과 인간 존엄성 및 평등에 대한 의식이 점차 높아졌습니다. 이에 따라 궁중이나 양반 계급의 그늘에 있던 민중 음악이 활발해졌죠. 대표적인 민속악은 판소리와 산조이며, 그 외 단가,

잡가, 민요, 풍물놀이 등이 등장하고 발전하였습니다. 숙종 무렵부터 등장한 판소리는 영조 무렵에 예술적 완성도가 높은 극음악으로 발전하였고, 19세기 말 김창조 등으로부터 가야금산조가 시작됨으로써 민속악 분야에서도 기악 독주곡이 등장하였습니다.

음악적 변화로는 가장 먼저 성악곡의 기악곡화를 들 수 있습니다. 〈여민락〉·〈영산회상〉·〈보허자〉·〈낙양춘〉·〈사관풍류〉·〈청성곡〉 등 악곡들은 원래 성악곡이었으나, 18세기를 거쳐 19세기로 오면서 가사가 탈락하여 기악곡으로 변했습니다. 또한 기존의 악곡들을 높여 변주하는 방법으로 악곡이 고음화되었고, 속도가 빨라졌으며, 많은 파생곡을 만들어 오늘날까지 전해오고 있습니다. 그 외로 거문고 연주법이 변하여 다양한 기법 표현이 가능해졌고, 악조가 '평조'와 '계면조'의 두 가지로 정립되었으며, 풍류방에서의 계면조는 감정을 절제하기 시작했습니다.

근대는 개화부터 일제강점기까지를 의미합니다. 개화와 갑오개혁(1894), 일제강점기(1910~1945) 등을 거친 이 시대는 정치와 사회, 문화 등 모든 면에서 큰 변화를 겪은 시기이며, 이러한 흐름에 음악도 종류와 형태, 내용에 변화가 있었습니다.

개화로 들어온 서양음악은 한반도 음악의 판도를 바꿔놓기에 충분했습니다. 독일인 지휘자 '프란츠 에케르트'에 의해 서양식 군악대가 창설되고, 개신교 유입으로 찬송가와 창가가 유행하면서 서양음악이 점차 대중화되었죠. 서양식 민간극장인 '협률사'와 '원각사'를 국가가 설립하면서 궁중음악과 민간음악의 장벽이 허물어지기 시작하였고, 판소리를 오페라처럼 1인 1역으로 만들고 반주를 만들어 무대에 올린 '창극'이 등장하며 큰 인기를 누립니다. 일제강점기의 국악은 정악과 민속악이 일부 다른 양상을 보이는데, 정악의 경우 '이왕직아악부' 등을 통해 명맥이 유지되기는 하나 대중성을 많이 잃었습니다. 반면에 민속악은 민중의 자각이 발전의 모태가 되었기에, 일제강점기라는 물리적 제약 속에서도 장르별로 독자적 생존 활로를 모색하여 현재까지 전승이 잘 이루어지고 있습니다. 이 시기부터 음반이 제작되어 대중에게 보급되었고, 라디오방송이 시작되며 국악, 서양음악을 비롯한 다양한 음악을 전국에 송출했습니다.

해방 후 1951년에 국립국악원이 개원하면서 전통음악의 연구 및 연주 활동이 활발해졌습니다. 1954년부터는 대학에 국악과가 신설되면서 대학에서도 전통음악 교육이 실시되었고, 국립국악원에서는 부설로 국악사 양성소(국립국악고등학교의 전신)를 운영하여 중·고등학생의 전통음악 교육에 힘썼지요. 또한 1964년부터 서울시국악관현악단을 필두로 하여 여러 국악관현악단이 창단되며 전통음악의 계승 발전을 위한 노력이 시작되었습니다.

1962년에 제정된 중요무형문화재 법에 의해 1964년에 종묘제례악이 '중요무형문화재 제1호'(현재는 국가무형유산이라는 명칭으로 바뀌었습니다)로 지정되면서 국가에서 많은 무형문화재 기능 보유자들을 지원하기 시작했습니다. 또한 창작 국악 운동이 활발히 전개되었는데, 김기수에 의해 〈송광복〉, 〈개천부〉 등이 작곡된 것을 시작으로 김희조, 이성천, 황병기, 박범훈 등 많은 작곡가가 다양한 형식과 연주 형태의 작품들을 창작·연주하고 있습니다. 1978년에는 사물놀이가 등장하여 국악의 대표적 공연 예술로 자리 잡았고, 국가의 국악 장려 정책으로 1994년을 '국악의 해'로 지정하여 국악 보급과 대중화를 위해 노력했으며, 1980년대 중반부터 등장한 크로스오버 국악이 21세기

▲ 일제강점기 이왕직아악부의
　연주원들

▶ 빅터레코드의
　〈춘향가〉 음반

최초의 국악관현악단인
서울시국악관현악단 창단식

김영삼 대통령이 참석한
국악의 해 선포식 및 축하공연

이후 매우 크게 유행하면서 점차 대중화되고 있답니다.

국악 역사의 다음 한 페이지는 어떻게 쓰일까요?

조선시대의 다양한 악보

　선조들이 남겨둔 국악 악보는 과연 얼마나 있을까요? 현재까지 전해지는 국악 악보는 90종 이상이나 됩니다. 이 악보들을 옛날 악보라는 의미에서 '고악보古樂譜'라고 부릅니다. 최초의 악보였던 『세종실록』 악보부터 일제강점기에 편찬된 『이왕직아악부악보』까지 수백 년 음악 기록이 다양한 악보에 방대하게 남아 있죠. 그중 대부분은 조선시대에 만들어졌습니다.

　악보는 궁중에서도, 민간에서도 만들었어요. 어디에서 만들었는지에 따라 악보에 담긴 음악도, 음악의 목적도 달랐겠죠? 궁중에서 만든 악보는 국가 기관에서 편찬한 악보라는 뜻으로 '관찬악보'라고 부릅니다.

　궁중에서는 주로 각종 제사나 의식, 잔치에 사용했던 대규모 음악을 악보에 기록했습니다. 조선시대에는 '장악원'이라는 국가 음악 기관이 있었는데요. 여기에서 높은 관료들이 중심이 되어 수차례 악

여전히 선명한 『세종실록』악보.
한 옥타브 낮은 음을
빨간 글씨로 표기하여
칼라풀하다.

보를 만들었고, 이를 통해 우리는 당시 궁중에서 연주한 음악을 확인할 수 있습니다. 대표적인 『세종실록』 악보 외에도 『세조실록』 악보, 연산군에서 중종 무렵까지 편찬된 『시용향악보』, 영조 때 편찬한 『대악후보』, 조선시대 마지막 관찬악보인 『속악원보』 등이 있습니다. 그 외 관찬악보가 더 있었다는데 분실되어 전해지지 않습니다. 그래도 몇 가지 악보가 온전히 남아 있어 다행입니다.

그럼 민간에서 만든 악보들을 몇 가지 살펴보겠습니다. 궁중에서 만든 관찬악보와 달리 민간악보는 취미용 음악을 기록했습니다. 민간에서 악보를 만든 사람들은 대부분 양반이었습니다. 최초의 민간악보를 만든 이는 안상으로, 최초의 성리학자로 유명한 안향의 후손입니다. 풍속을 바꾸는 데에는 악樂보다 좋은 것이 없다는 『효경』

의 구절에 따라 거문고 입문용 책인 『금합자보』(1572)를 만든 것이지요. 비파와 거문고의 명인이던 악사 양덕수와의 친분으로 『양금신보』(1610)를 만든 김두남은 사후에 호조판서로 추증된 높은 신분의 인물이었습니다. 『양금신보』는 임진왜란 직후에 만들어졌는데, 김두남은 전쟁 후의 혼란 속에 거문고 선율의 전승이 단절될 것을 걱정하여 이 악보를 제작했다고 합니다.

『현금동문유기』(1620)를 지은 유학자 겸 역학자 이득윤은 〈정과정〉을 지은 고려 말 문신 이제현의 후손으로 음악에 조예가 깊었다고 해요. 당대에 이름을 날린 거문고 명인 김성기의 가락을 담아 『어은보』(1779)를 만든 류홍원은 이름난 안동의 류씨 가문이었다고 합니다.

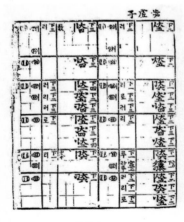

「금합자보」

「양금신보」

16세기부터 18세기에 만들어진 민간악보는 거문고 악보 중심, 가곡 중심으로 레퍼토리가 한정적이며, 고려시대 음악인 '고려가요'가 다수 수록되어 있고, 노랫말이 점차 사라지면서 기악곡으로 변하고 있다는 특징이 있습니다. 거문고로 반주하는 가곡이 많다는 사실은 당시 양반이 가장 사랑하던 악기가 거문고였고, 가장 즐겨 연주한 음악이 시조를 노랫말로 한 가곡이었음을 알게 합니다. 그리고 가곡을 제외하면 대부분 음악은 점차 기악곡으로 변형해 즐겼던 것을 알 수 있습니다.

한편 19세기부터 20세기 초에 만든 민간악보는 현재까지 전해지는 것만 65종 이상입니다. 그만큼 19세기부터는 양반과 중인 중심의 풍류방 음악이 유행했던 것이죠. 취미로 음악을 즐기던 상류층 사람

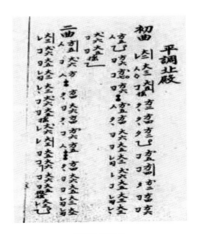

『현금동문유기』

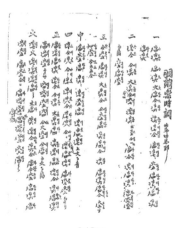

『어은보』

들은 그 음악을 기록으로 남기고 싶어 했고, 각자의 방법으로 책을 만든 것입니다.

이 시기에 만든 민간악보는 거문고 악보 중심에서 거문고, 양금, 가야금 악보로 종류가 다양해졌으며, 그 외 단소, 생황, 금 등 다른 악기의 악보들도 등장했다는 특징이 있습니다. 또한 레퍼토리가 갑작스럽게 증가하여 모음곡 형태의 가곡, 〈영산회상〉, 〈천년만세〉 등이 정립되어 오늘날까지 이어지게 되었다는 점도 특징이죠. 아무래도 취미로 즐기는 사람들이 급격히 많아지다 보니 다양한 시도를 했던 것이 아닐까 생각합니다.

이 시기의 대표적인 악보 두 가지를 소개해드릴게요. 먼저 1800년경에 편찬된 『유예지』라는 악보는 농경제 실학자로 유명한 서유구

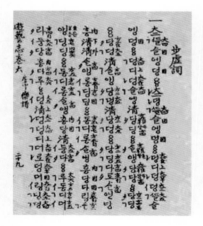
『유예지』

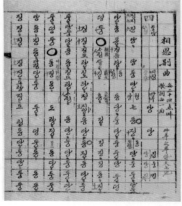
『삼죽금보』

가 만들었습니다. 서유구는 『임원경제지』라는 뛰어난 농경제 서적을 편찬했는데요. 놀랍게도 『유예지』는 『임원경제지』 안에 포함되어 있습니다. 그러고 보면 당시 양반들은 음악을 곁에 두고 살았다고 짐작할 수 있습니다. 다음으로 이승무라는 사람이 편찬한 『삼죽금보』(1841)라는 악보는 현재까지 발견된 고악보 중 가장 많은 종류의 레퍼토리를 수록하고 있습니다. 그 레퍼토리의 상당수가 현재까지 전해지고 있다는 점에서 매우 높은 가치가 있다고 평가받는 악보입니다. 그러니 잘 기억해둘 필요가 있죠.

음악이론서의 넘버원
『악학궤범』

　음악을 기록한 책을 본 기억이 있나요? 우선 음악 교과서에 기록된 음악을 보았을 것이고, 피아노 학원에 다녀봤다면 네모난 가방에 다양한 악보와 기초 음악이론 책을 열심히 챙겨 다녔을 테죠. 또는 기타를 배우겠다고 서점에서 교본을 샀거나, 관심이 생겨 재즈, 클래식, 국악 관련 교양서적을 살펴봤을 수도 있죠.

　사실 음악에 대한 기록은 예전부터 있었어요. 중국에서도 춘추전국시대의 『논어』, 『맹자』, 송나라의 『악서』, 『율려신서』, 『의례경전통해』 같은 책에 음악에 대한 상세한 이야기가 쓰여 있고, 우리나라에서도 『삼국사기』나 『삼국유사』, 『고려사』 등의 역사서에 음악에 대한 여러 기록이 남아 있죠. 그런데 우리나라 역사에서 음악에 관한 기록을 논할 때 단연 으뜸이라 할 수 있는 책은 딱 한 가지로 정리할 수 있습니다. 바로 『악학궤범』입니다.

　『악학궤범』은 조선 성종 24년(1493)에 완성한 우리 역사의 가장

최고의 음악이론서
『악학궤범』

홀륭한 음악이론 책입니다. 성종은 법, 의례, 악의 제도를 모두 갖추었다 하여 '이룰 성_成'을 써 성종이라는 묘호를 받았습니다. 여기에서 법은 『경국대전』, 의례는 『국조오례의』의 편찬으로 귀결되었고, 악_樂과 관련된 내용이 이 『악학궤범』에 모두 담겼습니다. 조선시대는 유교를 국교로 삼았기 때문에 유교의 핵심인 예악_{禮樂} 사상이 정말 중요했죠. 여기에서 '악'에 해당하는 내용을 『악학궤범』에 총망라한 것이죠.

　『악학궤범』은 예조판서이자 장악원 제조였던 성현이 중심이 되어 신말평, 박곤, 김복근 등과 함께 편찬한 음악이론서입니다. 이 책을 만든 이유는 국가 음악 기관인 장악원에 소장된 의궤와 전래되어온 악보들이 전반적으로 허술했기 때문이라고 합니다. 그래서 저자들은 기존 의궤와 악보에서 부족한 점을 보완하고 틀린 곳을 고쳐 새로 책을 만들고자 한 것입니다.

이 방대한 음악이론서는 총 9권 3책으로 되어 있습니다. 여기에서 '권'은 챕터, '책'은 묶음이라 이해하면 됩니다. 책에는 음악의 원리, 악기 설명, 의식에 사용하는 도구 만드는 법, 궁중 무용인 정재의 배치와 설명, 음악을 연주할 때 입는 의상까지 조선 전기에 궁중에서 이루어졌던 음악과 관련한 모든 내용을 기록하고 있습니다. 그 모습을 살짝 보겠습니다.

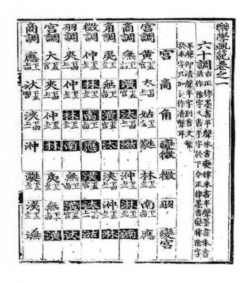

『악학궤범』 권1에 수록된
아악의 60가지 조

『악학궤범』 권1에 수록된
12율의 율관

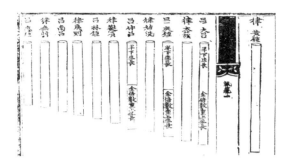

『악학궤범』 권2와 권5에 수록된
악기 배치도와 무용 대형

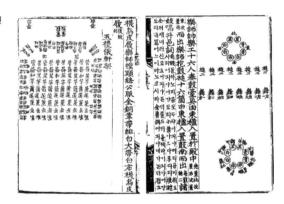

『악학궤범』 권6~7에 수록된
악기 그림(좌: 건고, 우: 거문고).
국악기 중에 가장 화려한 모습의
건고는 오늘날에는 사용되지
않지만 국립국악박물관에
전시되어 있으니 실물을
보러 가시기를 추천합니다.

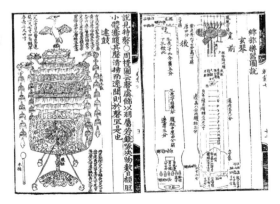

『악학궤범』권8~9에 수록된 학 모양의 의물과 의상 그림

　　이렇게 다양한 내용을 그림과 함께 자세히 수록한 『악학궤범』은 임진왜란 후인 광해군 2년(1610), 병자호란 후인 효종 6년(1655), 궁중 음악을 전반적으로 정비한 영조 19년(1743)에 총 세 번 다시 간행되었고, 오늘날까지 전해지며 조선시대의 음악이론을 구체적으로 파악할 수 있게 해줍니다. 만약 『악학궤범』이 존재하지 않았다면, 국악의 역사를 지금처럼 자세히 알기는 어려웠을 것입니다.

부부의 '금슬'은
악기의 이름

'금슬이 좋다'는 부부 사이가 좋을 때 쓰는 말입니다. 그런데 그 유래를 아는 사람이 많을까요? 사실 '금'과 '슬'은 국악기의 이름입니다.

국어사전을 보면 '금슬'의 의미를 '거문고와 비파'라고 설명하고 있는데, 이는 잘못된 정보입니다. '금슬'은 '금琴'과 '슬瑟'이라는 악기입

금

슬

니다. 사진을 보면 앞에서 살펴봤던 거문고와 비파의 모습과 전혀 다릅니다. 아마 우리나라에서는 거문고와 비파가 훨씬 익숙해서 잘못된 유래 설명이 굳었던 것 같습니다.

금과 슬은 제사음악인 아악에서 늘 함께 편성되는 악기입니다. 원래 중국에서 고대부터 사용되던 악기인데, 우리나라에는 고려 예종 11년(1116)에 다른 수많은 아악기와 함께 들어왔죠. 현재 남은 아악인 〈문묘제례악〉의 연주 모습을 보면 금과 슬은 여전히 '등가'라는 궁궐 혹은 제단 근처 악대에서 나란히 앉은 연주자에 의해 연주됩니다. 그러면 〈문묘제례악〉을 연주하는 금과 슬의 음색을 들어볼까요?

▶ **금, 슬 음색**(국립국악원 국악 디지털 음원)

금은 검정색 오동나무 판에 '휘徽'라는 흰색 자개를 13개 새기고, 7개 줄로 연주하는 악기입니다. 우리 조상들이 금도琴道(거문고의 이론과 연주법을 통틀어 이르는 말)의 실현을 거문고로 했듯이 중국에서는 공자 때부터 이 금 연주를 통해 금도의 실현을 추구하였다고 합니다. 금이 단순해 보이면서도 중후한 매력이 있다면 슬은 보기만 해도 화려함이 돋보이는 악기입니다. 오동나무 판에 여러 색의 학을 멋지게 그려놓았죠. 25개 줄을 기러기 발 모양의 '안족雁足'에 올려 연주하는

악기입니다.

　금과 슬의 어울림에 대해서는 중국 고대 유가 경전 중 하나인 『시경』에서부터 언급됩니다. 『시경』의 '소아小雅'를 보면, "妻子好合 如鼓琴瑟"이라 하여 "처자의 좋은 화합은 금과 슬을 함께 연주하는 것과 같다"고 기록되어 있으며, 같은 책의 '주남周南'을 보면 "窈窕淑女 琴瑟友之"라 하여 "아름다운 아가씨(요조숙녀)와 금슬을 함께 타며 벗을 삼았네"라는 내용이 담겨 있습니다. 즉 중국에서는 고대부터 금과 슬을 함께 연주하는 관습이 존재하였으며, 자연스럽게 궁중의 제사 음악인 아악에서도 두 악기가 항상 함께 편성되었지요. '금슬상화琴瑟相和' 또는 '금슬지락琴瑟之樂'이라는 사자성어도 여기에서 유래했습니다.

　여담이지만 형이 '훈'이라는 악기를 불면 아우는 '지'라는 악기를 불어 화답한다는 뜻으로, 형제간의 우애를 상징하는 '훈지상화壎篪相和'라는 말도 있답니다. '훈'과 '지'는 관악기로, 이 또한 궁중의 제사 음악인 아악에서 항상 함께 편성되고 있습니다.

그림 속 국악 살펴보기

선조들이 연행했던 국악을 쉽게 이해하는 방법 중 하나는 옛 그림에 담긴 국악을 들여다보는 것입니다. 조선시대의 다양한 그림을 살펴보면, 음악 연주 현장을 담은 것이 많습니다. 몇 가지 그림을 보면서 조선시대의 국악 연행 현장으로 가볼까요?

국악 관련 그림 중 가장 유명한 그림은 조선 후기에 왕성하게 활동했던 풍속화가 단원 김홍도金弘道(1745~1806?)의 〈무동舞童〉이 아닐까 합니다. 김홍도의 대표 작품이기에 누구나 한 번은 보았을 것입니다. 춤추는 어린아이가 그림 왼쪽 아래에 묘사되어 있는데, 아이를 둘러싼 여섯 명의 연주자가 반주를 하고 있습니다.

이 여섯 명이 연행하는 반주 형태를 '삼현육각三絃六角'이라 합니다. 삼현육각은 관악기와 타악기를 가지고 하는 무용반주 편성을 의미하는데요. 향피리 2명, 대금 1명, 해금 1명, 장구 1명, 좌고 1명, 총 6명의 연주자가 참여합니다. 여기에서 향피리가 2명이나 있는 이유는 이

〈무동〉,
김홍도 작. 보물

러한 무용 연행이 야외에서 행해졌기 때문입니다. 당시에는 마이크나 스피커 같은 음향 증폭 장치가 없었으므로 가장 음량이 큰 악기를 하나 더 배치하여 자연스럽게 야외에서 반주 소리를 키운 것이지요.

'앉아서 치는 북'이라는 의미를 가진 '좌고'도 장구의 음량을 보완하기 위해 이 당시부터 만들어 활용했다고 합니다. 연주자의 의상이 제각각인 것은 다양한 신분의 사람들이 참여했음을 알려주고요. 향피리 연주자 한 명은 왼손잡이, 한 명은 오른손잡이인 것은 연주 방법이 획일화된 오늘날과 달리 개개인의 신체적 특성에 맞도록 연주

〈거문고 줄 고르는 여인〉,
신윤복 작

할 수 있었음을 알 수 있게 해줍니다. 춤추는 아이는 표정부터 너무 신나 보이네요. 아마도 많은 구경꾼이 모여들어 열심히 공연을 관람하지 않았을까, 그중 한 명이 김홍도가 아니었을까 짐작합니다.

　김홍도의 그림을 보았으니 이번에는 혜원 신윤복申潤福(1758~1814?)의 그림을 만나볼까요? 신윤복은 김홍도와 함께 조선 후기를 대표하는 화가 양대 산맥이지요. 김홍도보다는 열세 살 어리지만 동시대에 활동했습니다.

〈거문고 줄 고르는 여인〉은 거문고의 줄을 만지며 음을 맞추고 있는 여인의 모습을 생생하게 묘사하고 있습니다. 거문고는 통일신라시대부터 조선시대까지 높은 신분의 사람들에게 가장 사랑받는 악기였습니다. 선조들은 거문고의 연주가 단순히 음악의 발현이 아니라 도道의 실현이라고 보았기 때문입니다. 아무래도 양반들이 즐기던 악기이다 보니 자연스럽게 그들과 교류하던 여인들도 거문고를 즐겨 연주하지 않았을까 합니다. 드라마 〈황진이〉에서도 하지원 배우가 거문고를 연주하는 모습이 등장하니 같은 맥락이라고 보면 되겠습니다. 아무튼 신윤복의 그림에서는 거문고의 음을 맞추기 위해 여인 한 명이 돌괘(거문고의 줄을 감는 동그란 나무토막)를 돌려가며 줄을 손가락으로 살살 퉁겨보고 있습니다. 다른 두 여인은 거문고를 잡아주고 있는 듯 보입니다.

〈쌍검대무(雙劍對舞)〉,
신윤복 작, 국보

〈쌍검대무〉도 신윤복의 그림인데요. 무려 국보로 지정되어 있습니다. 〈쌍검대무〉는 조선 후기 양반 문화를 보여주는 작품으로, 검무는 당시 양반들에게 엄청난 인기를 끌었습니다. 다산 정약용은 검무를 감상하고 "왼쪽으로 찌르고 오른쪽으로 찌르고 서로 닿지를 않는다. 치고 베고 뛰어오르고 솟구치니 소름이 돋는다左挺右挺無相觸 擊刺跳躍紛駿瞞"라고 글을 남겼습니다. 이 그림에서도 김홍도의 〈무동〉에서 묘사된 삼현육각 반주가 나옵니다.

場唱 客歌

〈가객창장〉은 조선 말기에 활동한 화가 김준근(생몰연대 미상)의 그림입니다. 19세기 말 부산, 원산 등 개항장에서는 풍속화를 그려 판매했습니다. 당시 조선의 풍속을 알고 싶어 하던 서양인의 요구에 맞춰 그림을 그렸는데요. 〈가객창장〉도 그러한 맥락의 그림으로, 판소리를 하는 소리꾼과 고수가 마주 보며 소리를 풀어나가는 모습이 사실적으로 묘사되어 있습니다. 고수 옆 상 위에는 주전자와 컵, 다과가 놓여 있네요. 아마도 공연이 길어지면서 목도 축이고 주전부리도 잠깐 할 생각이었나 봅니다. 이 그림 외에도 김준근은 수많은 국악 관련 풍속화를 그렸고, 현재까지 다양한 그림이 전해지고 있습니다.

이번에는 조선 후기 양반의 주된 취미 음악이었던 풍류방 음악의

〈후원유연(後園遊宴)〉, 18세기, 이명기 작

〈사대부행락도 (士大夫行樂圖)〉, 1815, 김득신 작

모습을 담은 그림들을 소개해보겠습니다.

　앞 페이지의 왼쪽 그림은 〈후원유연〉이라는 그림입니다. 당비파를 연주하는 기녀와 거문고를 타는 남자가 묘사되어 있습니다. 그림 제목으로 유추했을 때 뒷마당에서 소소하게 잔치를 하며 노는 상황으로 보입니다. 오른쪽 그림은 〈사대부행락도〉입니다. 소나무 뒤에 거문고를 타는 선비의 모습이 보이고, 그 왼편으로 여러 명의 양반과 두 명의 기녀가 술병을 가운데 두고 거문고 연주를 감상하는 모습이 보입니다. 댕기머리 어린아이도 근처에 앉아서 호기심 가득한 자세로 거문고 연주를 열심히 듣고 있네요. 조선 후기의 풍류방은 주로 실내에서 양반과 중인이 삼삼오오 모여 취미로 악기 등을 즐겼던 공간으

〈석천한유도(石泉閑遊圖)〉,
1748. 김희겸 작, 충남
유형문화유산

로 알려져 있지만, 사실은 이렇게 야외에서도 다양한 방식으로 악기를 연주하거나 감상하며 풍류를 즐겼음을 그림을 통해 알 수 있습니다. 확실히 우리나라는 예부터 흥의 민족이었나 봅니다.

〈석천한유도〉에는 정자 위에서 한 명의 기녀가 가야금을, 다른 한 명의 기녀가 대금을 연주하고, 연회를 즐기는 양반은 나무 벽에 기대어 바깥을 바라보며 손에 새를 올려놓고 멍하니 있는 모습이 묘사되어 있습니다. 그리고 두 명의 기녀는 술상을 분주하게 나르는 장면이

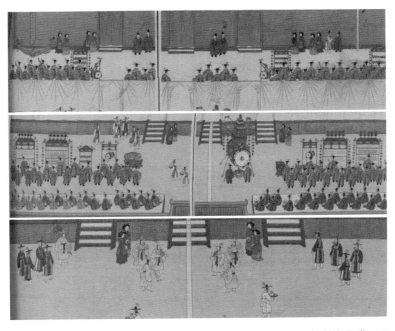

〈무신진찬도병(戊申進饌圖屛)〉, 1848

보이네요. 이 그림에서 가장 재미있는 것은 온갖 동물이 모여들어 음악 연주를 감상하고 있다는 것과 양반을 태우려고 기다리는 듯한 말과 마부가 그려져 있다는 것이지요. 그림에 묘사된 양반은 당시 전라우수사였던 석천공 전일상(1705~1751)이라고 합니다.

　마지막으로 궁중에서 그린 그림을 소개해보겠습니다. 이 그림은 〈무신진찬도병〉으로, 헌종 14년(1848) 3월 창경궁에서 대왕대비의 육순을 경축한 잔치를 묘사한 병풍 중 일부입니다. 당시 조선왕실의 연회 규모를 짐작할 수 있는 화려한 악대의 모습이 상세하게 묘사되어 있습니다. 앞에서 살펴봤던 편종, 편경, 축, 어 등의 다양한 악기가 그림에서 보이고요. 홍주의를 입은 수많은 악사와 노란 황철릭을 입은 취타수들도 보입니다. 이렇게 정교하게 그려놓은 것도 신기하지만, 그림을 통해 약 200년 전 궁중에서 연행했던 웅장한 음악의 현장을 볼 수 있으니 마치 타임머신을 탄 기분이 들지 않나요?

전방위 천재 뮤지션,
세종대왕

국악에서 세종대왕의 이야기를 한두 번만 하면 서운합니다. 그래서 조금 더 자세하게 해보겠습니다.

조선시대는 유교를 국가의 건국 이념이자 종교로 삼았습니다. 유교에서 가장 중요하게 생각했던 사상 중 하나는 제사 등의 의식을 지칭하는 '예(禮)'와 그와 관련된 '악(樂)'의 실현이죠. 따라서 조선은 '예악(禮樂)사상'에 따라 국가를 다스리려고 했습니다. 그런데 왕들 중에는 음악적 재능이 뛰어난 경우가 별로 없었고, 예악사상에 꼭 필요한 음악에 관한 여러 제도를 만들고 정비하는 데 어려움을 겪었습니다. 그래서 어쩔 수 없이 고려시대의 음악을 조금씩 편곡하여 사용하는 정도였다고 합니다.

그런데 여기서 영웅이 등장합니다. 바로 세종대왕이죠. 우리나라에서 세종대왕을 모르는 사람은 없을 것입니다. 조선의 네 번째 왕인 세종대왕(재위 1418~1450)은 훈민정음 반포, 집현전 설립, 과학기구 발

명, 대마도 정벌 등 당대 모든 분야에서 굵직한 업적을 남겼습니다. 그
런데 이런 세종대왕이 전방위 천재 뮤지션이었던 것도 알고 있나요?

역사상 가장 위대한
군주이자 음악가

세종대왕은 사실 음악적 재능이 매우 뛰어났습니다. 그래서 왕이
되자마자 나라의 기틀을 바로 세우고자 음악과 관련한 많은 일을 시

작합니다. 이전 왕들도 예악사상의 실현에 음악이 중요하다는 사실을 당연히 알았지만, 음악적 재능이 없으면 음악의 제작도, 음악에 뛰어난 신하의 등용도 어려웠습니다. 따라서 세종대왕의 등장은 유교 국가인 조선의 역사에서 정말 중요했죠. 조선의 아홉 번째 왕인 성종 때 완성된 우리나라 최고의 음악이론서 『악학궤범』을 보면 "세종대왕께서는 하늘이 내린 탁월하신 지혜를 가지고 음률音律에 정통했다"고 기록되어 있습니다. 사실을 근거로 만들어진 가장 믿을 만한 이론서에서도 하늘에서 보내준 음악 제작자로서 세종대왕을 이야기하고 있을 정도랍니다.

세종대왕은 군주이면서도 음악가로도 유명합니다. 세종대왕이 다스렸던 32년의 시간 동안 조선은 음악적으로 정말 많은 발전을 이루었습니다. 세종대왕은 왕좌에 오르자마자 박연朴堧이라는 신하의 음악성을 파악해 그를 '악학별좌樂學別坐'라는 음악 관련 관직에 등용했고 유교에서 가장 필요한 제사음악인 '아악'을 함께 정비합니다. 이 과정에서 세종대왕이 절대 음감의 소유자였다는 유명한 일화가 등장합니다. 또한 세종대왕은 아악의 정비를 모두 마친 후에 동양 최초로 '정간보'라는 기보법을 만들어 새로 만든 여러 노래를 기록하였습니다. 그러면 그 에피소드를 좀 더 살펴볼까요?

절대 음감의 소유자,
세종대왕의 제사음악 정비

　　조선시대에는 제사음악을 '아악雅樂'이라고 불렀습니다. 제사에 음악이 꼭 필요했고, 왕이 된 세종대왕은 우선 제사음악을 바로잡기 위한 노력을 시작했죠. 사실 고려시대에도 아악이 있었지만, 고려 후기에 무신 정권이 지속되었고 원나라(몽골)가 침략하여 정치에 간섭하였으며, 그 후 왕조가 조선으로 바뀌는 혼란을 겪으면서 나라에서 가지고 있던 악기들이 완전히 망가지거나 제대로 된 음을 내지 못해 음악이 제대로 전승되지 못하는 불상사가 있었습니다. 그래서 세종대왕이 가장 먼저 한 일은 음의 기준을 정해 악기를 만드는 일이었답니다. 황해도 해주에서 발견한 곡식 '기장'의 길이를 기준으로 하여 국악에서 가장 기본이 되는 '황종黃鍾'이라는 음을 낼 수 있는 대나무 율관을 제작하였고, 이를 근거로 제사음악에서 주선율을 연주할 수 있는 두 악기인 편경과 편종을 만들었습니다.

　　세종대왕이 절대 음감의 소유자라는 것은 편경을 제작하는 과정에서 밝혀집니다. 편경은 16개의 돌을 정교하게 깎아 틀에 걸어 연주하는 악기라서 조금이라도 오차가 생기게 돌을 깎으면 잘못된 음을 낼 수 있습니다. 그런데 『세종실록』 권59를 보면, 어명으로 편경을 제작한 박연에게 세종대왕은 국악의 열두 음 중 하나인 '이칙夷則'을 내는 돌의 음이 약간 높다고 지적했습니다. 알고 보니 밑그림으로 돌에 새긴 먹물이 다 갈리지 않았었다고 합니다. 박연이 세종대왕의 지적을 듣고 편경에 새긴 먹물을 다 갈았더니 정확한 '이칙' 음을 연주할 수 있었다고 합니다. 세종대왕이 지적하기 전의 음과 수정한 음은 반음의 1/10 정도밖에 차이 나지 않았다고 합니다. 일반적인 사람이라면 절대로 구분할 수 없는 차이죠.

작곡가 세종대왕이 만든
새로운 음악들

아악 정비를 마친 세종대왕은 궁중 행사에 사용할 수 있는 우리나라 고유 음악인 '향악_{鄕樂}'에도 관심을 갖게 됩니다. 세종대왕이 조선을 다스렸던 기간을 반으로 나누면, 초반에는 아악, 후반에는 향악에 집중하여 음악적 기틀을 마련했다고 할 수 있습니다.

먼저 세종대왕은 신하들에게 명하여 『용비어천가』라는 노래 가사를 만들게 하고, 직접 자신이 〈여민락〉, 〈치화평〉, 〈취풍형〉이라는 곡을 만들어 노랫말로 사용했습니다. 『용비어천가』는 세종 27년(1445)에 권제, 안지, 정인지 등이 세종대왕의 명에 따라 지은 125장의 노래입니다. 세종대왕의 아버지인 태종 이방원, 할아버지인 태조 이성계를 비롯하여 그 위 4대조 할아버지인 목조, 익조, 도조, 환조의 업적을 찬양하는 내용이죠. 이 노랫말은 조선 왕실의 위대함을 온 백성에게 알려 조선 건국의 정당성을 확보함은 물론 후대 왕들에게 올바른 왕이 되는 방법을 전합니다. 세종대왕은 이 노랫말을 활용하여 국가의 모든 잔치에서 활용할 수 있는 새로운 음악을 직접 작곡해 최대한 많은 백성이 들을 수 있도록 했습니다. '백성과 더불어 즐긴다'는 의미의 〈여민락〉, '평화를 이룬다'는 의미의 〈치화평〉, '풍요를 누린다'는 의미의 〈취풍형〉. 곡의 이름에서 세종대왕이 나라와 백성을 얼마나 사랑했는지를 살펴볼 수 있답니다. 더욱 놀라운 사실은 세종대왕이 〈여민락〉, 〈치화평〉, 〈취풍형〉을 작곡할 때 막대기를 땅바닥에 두드려 박자를 가늠해가며 단 하루 사이에 음악을 만들었다는 것입니다. 정말 대단한 뮤지션이 아닐 수 없습니다.

세종대왕은 〈종묘제례악〉을 작곡한 것으로도 유명합니다. 조선의 역대 왕과 왕비를 위한 제사에 쓰이는 음악인 〈종묘제례악〉은 세종대왕 이전까지는 아악을 썼습니다. 세종대왕은 아악이 본래 중국 음악이므로 우리나라 왕과 왕비의 제사에는 우리 고유 음악인 '향악'을 써야 한다고 생각했습니다. 그래서 왕들이 갖춘 학문의 덕을 찬양하는 〈보태평〉이라는 곡과 왕들이 이루었던 군사적 공을 찬양하는 〈정대업〉이라는 곡을 작곡했습니다. 그런데 이 곡들은 세종대왕 당시에는 신하들의 반대로 〈종묘제례악〉으로 사용되지 못하고 궁중의 행사 음악으로 사용되었는데요. 아마도 '제사음악은 당연히 아악'이라는 고정관념을 바꾸기가 어려웠던 모양입니다. 그런데 세종대왕의 아들인 세조가 〈보태평〉과 〈정대업〉을 〈종묘제례악〉으로 채택했고, 오늘날까지 그 전통이 이어져오고 있습니다.

네모칸으로 만드는 위대한 마법, 정간보의 발명

세종대왕은 자신이 작곡한 새로운 음악을 악보로 남길 방법이 필요했습니다. 그래서 직접 기보법까지 만들었습니다. 바로 '정간보'입니다. 정간보는 '우물 정井' 네모칸 안에 음의 높낮이를 나타내는 다양한 기보를 적는 기보법입니다. 일반적으로 네모칸 하나가 한 박을 나타내는데요. 원고지와 비슷한 네모칸 정도로 보일 수도 있겠지만, 당시에는 획기적인 악보 기록 방식이었습니다. 음의 길이를 나타낼 수 있는 기보법은 정간보가 동양에서 최초이고, 전 세계를 통틀어도 오선보 다음으로 두 번째에 해당합니다. 세종대왕이 조선을 다스렸던 시기가 15세기 초중반이니 사실 유럽에서 오선보의 체계가 갖추어진 시기와도 크게 차이가 나지 않습니다. 이렇게 세종대왕은 자신의 발명품인 정간보에 〈여민락〉, 〈치화평〉, 〈취풍형〉, 〈보태평〉, 〈정대업〉 등 직접 작곡한 음악을 기록하였는데, 이것이 현재까지 전해지는 가장 오래된 악보인 『세종실록』 악보입니다. 세종대왕이 만든 위대한 마법, 정간보는 지금까지도 정악正樂의 기보에 효율적으로 활용되고 있습니다.

한 사람에 의해 역사가 바뀌는 경우를 우리는 종종 접합니다. 세종 대왕은 누구나 인정하는 성군成君이자 수많은 업적을 남긴 우리나라 역사의 가장 자랑스러운 인물이지만, 하늘이 내린 음악적 재능으로 예악사상의 기틀을 마련했고, 새로운 음악을 작곡하였으며, 우리나라 고유의 기보법까지 발명한 분이라는 사실을 잊지 말기 바랍니다.

지하철에서 만나는 국악

  앞에서도 잠깐 지하철 환승음악에 대한 이야기를 했습니다. 오늘 날 우리의 생활과 가장 맞닿아 있는 국악이 지하철 환승음악일 테 니 관련된 이야기를 조금 더 해보겠습니다.

  2000년대 초반까지만 해도 지하철에서 국악을 자연스럽게 만나 는 일은 없었습니다. 생각해보면 환승역에 다다르면 서울지하철 1~4 호선에서는 뻐꾸기가 지저귀는 소리가 났던 기억이 나고, 5~8호선에 서는 '미 라라라라 라도시 라도시 라도시 라솔파 미레도 시미 도라' 로 시작하는 비발디의 곡 〈조화의 영감〉이 흘러나왔던 기억이 납니 다. 저도 학창 시절에는 지하철에서 늘 이 환승음악을 들었습니다. 그 런데 아무래도 우리나라의 특색을 표현하기에는 적절하지 않다는 여론이 있었어요. 특히 외국 관광객 수가 늘면서 이들에게 우리나라 를 좀 더 잘 알릴 방안을 모색하였고, 그 결과 국립국악원에 지하철 환승음악 제작을 의뢰했다고 합니다.

그러던 중 마침 정부에서 2010년을 '한국 방문의 해'로 지정했고, 이때를 기점으로 지하철 환승음악에 본격적으로 국악이 활용되었습니다. 코레일은 2010년, 서울메트로는 2011년, 서울교통공사는 2012년에 열차 환승음악을 국악으로 바꾸기 시작했습니다. 이때 국립국악원도 국악 벨소리 사업을 한창 진행하고 있었기 때문에 환승음악으로 사용할 창작국악을 음원으로 제공받을 수 있었죠. 그렇게 제공받은 여러 창작국악 곡들을 대상으로 설문조사를 했고, 선호도가 가장 높았던 〈얼씨구야〉를 2012년부터 서울지하철 전체 환승음악으로 사용하게 되었습니다.

〈얼씨구야〉는 작곡가 김백찬의 작품으로, 자진모리장단에 맞춰 연주되는 국악관현악이 저절로 활력과 경쾌함을 줍니다. 김백찬 작곡가는 정말 고맙게도 국악의 대중화를 위해 이 음원을 저작권료 없이 무료로 활용할 수 있도록 제공했습니다. 이제는 우리나라 사람이라면 누구나 흥얼거릴 수 있는 국민곡이 된 〈얼씨구야〉는 2023년까지 지하철 환승음악으로 쭉 사용되다가 〈풍년〉이라는 새로운 환승음악으로 대체되었습니다. 환승음악으로 국악을 사용한 것에 시민들의 반응도 긍정적이었습니다. 2014년 실시된 대국민 설문조사에서 과반수가 지하철 국악 환승음악 유지를 희망한다고 응답했습니다. 그 후부터 지금까지 환승음악은 국악으로 유지되었죠.

아직은 공연장에 직접 찾아가서 국악을 즐겨 듣는 인구가 많지는 않다고 봅니다. 국악 공연이 생소할 수도 있고, 공연을 어떻게 접할지 모를 수도 있고, 바쁜 일상과 지리적 여건 등으로 공연장 방문이 어려울 수도 있습니다. 그런 현대인들에게 지하철 환승음악은 국악을 일상에서 친숙하게 접할 좋은 기회가 됩니다. 지하철 환승음악처럼 국악을 생활 속에서 만나게 하고자 국립국악원은 지금도 다양한 생활음악을 제작하여 지속적으로 보급하고 있습니다.

부산에서도 지하철 환승역을 일반역과 구분하기 위해 2001년부터 벨소리나 새소리 등으로 환승음악을 썼다고 합니다. 그러다 2009년부터 국립국악원에서 음원을 제공받아 국악 환승음악을 사용해왔습니다. 처음에는 각 호선마다 다른 국악을 들려주다가 통일성을 위해 한 개 곡만 사용하고 있습니다. 그러면 부산지하철의 환승음악을 잠시 들어볼까요?

● **부산지하철 환승음악**

그렇다면 다른 지역의 지하철 환승음악은 어떨까요? 지하철 노선이 두 개 이상인 지역으로 인천과 대구가 있습니다. 각기 인천교통공사와 대구교통공사의 로고송을 사용하고 있습니다. 또한 서울 및 수도권 지하철 노선 중 공항철도, 9호선, 신분당선은 환승 시 각기 다른 음원을 사용하고 있어요. 이 또한 국악을 사용한다면 좋겠다는

서울지하철
2호선 사진

개인적인 바람이 있습니다.

　이제 지하철을 탈 때 환승음악에 귀를 기울여보세요. 익숙한 리듬에 몸을 맡기다 보면 국악의 매력을 새롭게 발견할 수 있을 거예요. 환승음악을 통해 국악이 일상 속에 더 친근하게 자리 잡기를 바랍니다.

표지석 따라 국악 여행

혹시 서울 도심 한복판을 걷다가 이런 모양의 돌을 발견한 경험
이 있나요?

(시계방향으로)
육의전 터, 의금부 터,
좌포도청 터, 비변사 터 표지석

이러한 돌을 '표지석'이라고 합니다. 서울 종로구와 중구 일대에 가면 길거리 곳곳에서 표지석을 볼 수 있습니다. 아무래도 그 일대가 조선시대의 한양이었다 보니 다양한 문화유산이 남아 있기 때문이 겠지요. 길을 걷다 보면 다양한 종류의 표지석을 자연스럽게 만날 수 있습니다. 저절로 역사 공부가 되는 셈이죠. 그렇다면 국악과 관련된 표지석을 한번 찾아볼까요?

먼저 소개할 표지석은 '장악원 터'입니다. 서울시 중구 을지로 66 하나금융그룹 본사 근처에 있습니다. 1986년에 설치한 이 표지석에 는 "음악의 편찬 교육 행정을 맡았던 조선 왕조 관아 자리"라고 써 있습니다.

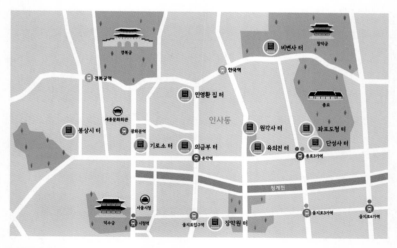

표지석 따라 국악 여행

　장악원은 조선시대에 궁중의 음악과 무용을 전반적으로 관장한 국가 기관입니다. 조선 초기까지 궁중에는 제사 음악인 아악을 주관하는 '아악서', 잔치 등의 행사 음악을 주관하는 '전악서', 음악을 연구하는 '악학', 제사에 쓰이는 무용을 주관하는 '봉상시', 왕비를 비롯한 여성들에 대한 잔치인 궁중 내연內宴을 담당한 '관습도감'이 있었는데요. 아무래도 음악과 무용을 담당하는 국가 기관이 다섯 개로 나누어져 있다 보니 행정업무가 효율적이지 않았을 것입니다. 음악과 무용도 정리되지 않았을 것이고요. 이에 조선의 7대 왕 세조가 이 다섯 기관의 업무를 하나로 합치고 '장악원'이라 부르게 하였죠. 장악원 설립 후 궁중에서는 음악과 무용을 통일성 있게 관리할 수 있었고, 그 결과 성종 때에는 『악학궤범』이라는 훌륭한 음악이론서까지 만들 수 있었습니다.

　다음으로 소개할 표지석은 '원각사 터'입니다. 서울시 종로구 새문
안로 79 새문안교회 자리에 있습니다. 원각사는 1908년에 세운 조선
최초의 근대식 공연장이었습니다. 원래 우리나라의 공연장은 무대와
객석이 분리된 형태보다는 저잣거리에서 공연자와 관객이 한데 어우
러지거나, 풍류방에서 연주자가 곧 감상자가 되는 취미의 형태이거
나, 궁궐 안에서 왕 또는 왕비가 주관하는 형태였습니다. 그런데 원
각사는 요즘 우리가 생각하는 공연장과 같이 무대와 객석이 명확히
분리된 형태였다고 합니다. 이 공연장에서 판소리를 대화창으로 바
꾸어 공연한 신연극, 그리고 1인 다역의 판소리를 1인 1역으로 각색
하고 관현악 반주를 곁들여 무대에 올린 창극 등 다양한 레퍼토리를
선보였습니다. 원각사는 비교적 멀지 않은 과거인 20세기 초에 세운
극장이라서 다행히 당시 사진이 한 장 남아 있습니다. 그래서 그 모

'원각사 터' 표지석과
20세기 초 원각사 모습

습을 파악할 수 있죠. 원 형태의 건물에 천장이 뿔 모양으로 되어 있어 '원각사'라는 이름이 붙었다고 짐작할 수 있습니다.

다음으로 소개할 표지석은 서울시 종로구 돈화문로에 있는 '단성사 터'입니다. 지하철 3호선 종로3가역 9번 출구 옆에 있습니다. 단성사는 1907년에 세운 우리나라 최초의 영화관으로, 초기에는 연극과 영화가 함께 올려졌습니다. 이후로는 영화 상영이 주가 되었는데 대부분 전통적인 이야기를 바탕으로 한 작품들이었습니다. 특히 판소리나 민속극을 영화화한 작품들이 많은 사랑을 받았지요. 단성사는 한국 영화 발전에 중요한 역할을 한 곳입니다. 1926년에 나운규 감독의 영화 〈아리랑〉이 개봉된 곳이자 임권택 감독의 영화 〈서편제〉가 1993년에 100만 관객을 돌파하여 한국 영화사에 새로운 기록을 세운, 국악의 대중화를 이끈 중요한 곳입니다.

이번에는 '봉상시 터'를 소개하겠습니다. 서울시 종로구 새문안로 3길 14 자리에 있던 '봉상시'는 조선시대에 제사의식 음악과 무용을 준비하고 관리하는 역할을 했습니다. 유교국가였던 조선에서 제사의식은 가장 중요한 행사였고 봉상시의 역할은 우리가 생각하는 것보다도 훨씬 중요했습니다. 이곳에서 준비된 음악과 무용이 궁중의 여러 행사에서 사용되었지요. 봉상시 터 표지석을 통해 당시 제사 문화와 음악을 엿볼 수 있습니다. 사실 봉상시는 고종 때 그 이름이 '봉상사'로 변경되었고, 표지석에는 '봉상사'라고 쓰여 있습니다.

'단성사 터'와
'봉상시 터' 표지석

　　다음 표지석은 '기로소 터'입니다. 서울시 종로구 세종로 광화문 광장 바닥에 부착되어 있으니 숨은그림찾기처럼 잘 찾아야 합니다. 기로소는 나이가 70세 이상이고 2품 이상을 역임했던 고위급 관원들이 입소하는 곳이었습니다. 그들에게 잔치를 베풀기 위해 설치했고 음악과 무용도 늘 함께 어우러졌습니다. 생각해보면 조선시대 평균 수명은 50세도 안 되니, 무려 70세 이상이면 진짜 장수한 분들만 누릴 수 있는 혜택이었죠. 노인을 우대하던 조선시대에는 기로소에 들어가는 것을 큰 명예로 여겼습니다. 여담이지만 왕은 신하들보다 조금 이른 나이에 기로소에 들어갈 수 있었습니다. 태조는 60세, 숙종은 59세, 영조와 고종은 51세에 기로소에 들어갔다고 합니다.

　　마지막으로 국악은 아니지만, 음악과 관련된 표지석 한 가지를

'기로소 터'와
'민영환 집터' 표지석

더 소개해보겠습니다. 서울시 중구 정동에 있는 '민영환 집터' 표지석입니다. 우리가 잘 알고 있는 조선 말기 정치가이자 독립운동가 민영환이 맞습니다. 갑자기 소개하는 이유는 그가 음악에도 깊은 관심을 가졌던 인물이기 때문입니다. 근대가 되면서 조선 땅에 두 가지 경로로 서양음악이 들어왔습니다. 하나는 서양식 군악대, 하나는 기독교였습니다. 이 중 서양식 군악대를 장악원에 설치하도록 한 인물이 민영환입니다. 서양식 군악대의 도입으로 조선 궁중에서 국악과 서양음악이 함께 연주되기 시작했습니다.

이렇게 서울 도심 곳곳에 있는 표지석들을 찾아가다 보면 조선시대의 다양한 문화유산과 국악의 발자취를 느낄 수 있답니다. 보물찾기처럼 표지석들을 찾다 보면 조선시대의 역사와 문화가 더 가깝게 느껴질 것입니다.

영화 속의 국악

영화 〈노량〉을 보셨나요? 이순신 장군을 연기한 김윤석 배우가 죽기 직전까지 배의 큰 북을 계속 두드리는 감동적인 장면이 나오죠. 그리고 부하들은 장군이 북을 두드릴 수 있도록 사방을 둘러 온 몸으로 보호합니다. 그 소리를 들은 주변 배들도 함께 북을 두드리는

영화 〈노량〉 중 이순신 장군이
진고를 두드리는 장면

모습이 눈시울을 붉게 만듭니다.

이 북의 이름은 '진고_{晉鼓}'입니다. 한자를 살펴보면 '나아갈 진'에 '북 고'로, 전진하는 북이라는 뜻입니다. 본래 군대에서 진격 신호로 두드리는 악기입니다. 오늘날 〈종묘제례악〉 중 왕들의 군사적 공적을 찬양할 때 연주하는 〈정대업〉의 시작에서도 '나아간다'는 의미로 이 악기를 10회 두드립니다. 결국 이순신 장군이 죽음을 무릅쓰고 진고를 두드렸던 것은 주변 배들에게 공격을 멈추지 말고 진격할 것을 지시하는 의미였답니다. 그 소리를 들은 부하들은 사기를 크게 얻고, 결국 노량해전에서 승리를 거둡니다. 우리의 영웅 이순신 장군은 그 전투에서 장렬하게 전사했지만요.

이렇게 영화 속에 등장하는 국악을 조금 더 자세히 알면 영화를 보는 재미가 더해집니다. 국악이 들어간 영화들을 살펴보도록 하겠습니다.

한국 영화 최초로
100만 관객을 돌파한 〈서편제〉

국악이 등장하는 영화 중에서 으뜸을 꼽으라면 단연 〈서편제〉를 들 수 있습니다. 〈서편제〉는 거장 임권택 감독이 판소리를 소재로 삼아 만든 1993년 개봉한 영화입니다. 한국 영화로는 최초로 100만 관

영화 〈서편제〉 중 〈진도아리랑〉을 부르는 장면(좌)과
송화가 비장하게 소리하는 장면(우)

객을 돌파한 기념비적인 영화이기도 합니다. 이 영화는 한국 전통 음
악과 서정적인 이야기를 결합하여 선풍적인 인기를 끌며, 사람들이
판소리에 큰 관심을 갖는 계기가 되었습니다. 특히 영화 속에 사용된
국악곡들이 강한 인상을 남기며, 관객들에게 깊은 감동을 주었지요.

　영화 〈서편제〉는 극 전체를 판소리를 중심으로 이끌어가는데, 그
중 가장 인상적인 장면은 오정해 배우가 연기한 주인공 소리꾼 송화
가 비장하고도 숭고한 감정을 담아 원테이크로 노래한 〈심청가〉 중
'심봉사 눈 뜨는 대목'이 아닐까 합니다. 기구한 사연으로 심봉사처럼
장님이 된 송화가 고수가 된 동생 동호를 만나 동생인 줄도 모른 채
그의 소리북 장단에 맞춰 소리합니다. 그러다 그 북소리가 동생의 연
주임을 깨닫는 모습은 생사를 알지 못하고 서로를 그리워하던 심청
과 심봉사의 관계와 정말 닮았다는 생각이 듭니다. 그리고 이 영화의
전반부에 송화를 포함한 주인공 세 명이 넓은 들판에서 불렀던 〈진

도아리랑〉 또한 한국 영화사의 주요 명장면으로 남게 되었습니다.

판소리와 관련된
다른 영화들

〈서편제〉의 흥행 때문인지, 판소리가 가진 극적인 내용과 한의 정서 때문인지, 판소리를 소재로 한 영화는 〈서편제〉 이후에도 지속적으로 만들어졌습니다. 그런 영화인 〈춘향뎐〉, 〈광대: 소리꾼〉, 〈도리화가〉도 살펴보겠습니다. 각 영화는 판소리를 다양한 시각에서 조명하며, 그 안에 담긴 인간의 감정과 역사를 표현했습니다.

영화 〈춘향뎐〉은 2000년에 개봉한 작품으로, 임권택 감독이 판소리를 소재로 제작한 두 번째 영화입니다. 판소리 중 〈춘향가〉의 전통적인 내용을 충실히 따르면서도 현대적 연출을 더해 새로운 시각으로 재해석했습니다. 춘향과 이몽룡의 사랑 이야기와 더불어, 사회적 억압과 불의를 극복하는 과정을 아름다운 영상미로 그려내어 관객들에게 큰 감동을 주었습니다. 영화 〈춘향뎐〉의 특이한 점은 인간문화재(현재는 예능보유자) 조상현 명창의 소리를 영화에 그대로 내레이션으로 사용하였다는 점입니다. 그러한 예술적 면이 빛을 발했는지 우리나라 영화로는 최초로 프랑스 칸 영화제 경쟁부문에 진출했습니다. 요즘은 조승우 배우의 데뷔작으로도 잘 알려져 있지요.

〈도리화가〉는 2015년에 개봉한 영화로, 1867년을 배경으로 한국 최초의 여성 소리꾼 진채선과 그의 스승 신재효의 이야기를 다루고 있습니다. 영화는 배우 수지가 연기한 진채선이 소리꾼으로 성장해 가는 과정과 그녀가 겪는 사회적 편견과 어려움을 중심으로 전개됩니다. 〈도리화가〉는 진채선의 삶을 통해, 여성으로서의 한계를 극복하고 예술가로서의 자아를 찾아가는 여정을 감동적으로 그려내지요. 또한 판소리의 교육과 전승 과정을 생생하게 묘사하여 소리 계승의 중요성을 일깨워줍니다. 참고로 〈도리화가〉는 영화에서 진채선의 스승으로 등장한 신재효(류승룡 분)가 지은 단가桃李花歌의 제목이랍니다.

영화 〈춘향뎐〉, 〈도리화가〉,
〈광대: 소리꾼〉의 장면

〈광대: 소리꾼〉은 판소리를 소재로 한 또 다른 영화로, 2020년에 개봉했습니다. 이 영화는 영조 10년(1734)을 배경으로 소리꾼의 삶과 권선징악을 그려냈습니다. 뛰어난 소리꾼인 주인공 학규(이봉근 분)는 납치를 당해 사라진 아내 간난(이유리 분)을 찾기 위해 딸 청이(김하연 분)와 함께 광대패에 들어가 전국 팔도로 여행을 떠납니다. 요즘 가장 인기 있는 소리꾼 중 한 명인 이봉근을 섭외하여 판소리 〈심청가〉 대목들을 다양한 방식으로 영화 속에 녹여내어 화제가 되었습니다. 영화 〈서편제〉 다음으로 판소리 전공자가 직접 주연을 맡은 영화이기도 합니다.

그 외 작품들

국악이 쓰인 영화로는 판소리 소재 영화가 가장 많았지만, 〈쌍화점〉, 〈전우치〉, 〈해어화〉, 〈두레소리〉 그리고 최근 선풍적인 인기를 누린 〈파묘〉에도 국악이 들어갑니다.

먼저 영화 〈쌍화점〉은 2008년에 개봉한 작품으로, 고려 후기를 배경으로 한 역사 로맨스 영화입니다. 제목은 고려가요 중 하나인 〈쌍화점〉에서 따온 것인데, 오늘날까지 연주되는 레퍼토리는 아니지만 『시용향악보』와 『대악후보』 같은 고악보에 그 선율이 기록되어 있습니다. 아무튼 영화 속에는 궁중과 연관된 다양한 국악이 배경음악으로 쓰입니다. 특히 궁중 연회 장면에서 국악기로 합주하며 분위기를 한층 고조시키는데, 가장 인상적인 장면은 고려 왕으로 등장하는 주진모 배우가 직접 거문고를 연주하면서 "쌍화점에 쌍화 사러 들어 갔더니"로 시작하는 노래를 부르는 모습이었습니다. 사실 이 노래는 앞에서 언급했던 고악보에 기록된 선율과는 다른, 영화를 위해 창작한 음악입니다. 국악을 통해 당시 궁중 생활의 화려함과 복잡한 인간관계를 표현하며 한국 고유의 정서를 잘 담아낸 영화로 평가받고 있습니다.

2009년에 개봉한 영화 〈전우치〉는 『전우치전』을 현대적으로 재해석한 판타지 액션 영화입니다. 영화 속에서 전우치(강동원 분)는 다양한 모험을 펼치는데, 그 과정에서 여러 국악 요소가 등장합니다. 특히 이 영화에서 가장 유명한 음악인 '궁중악사'는 정악에 해당하는 〈대취타〉와 〈취타〉를 현대적으로 재해석한 곡으로, 원곡의 장중하고 여유 있는 장단 대신 전우치로 인해 혼비백산하는 궁중의 잔치 모습을 빠른 비트의 크로스오버로 구현했습니다.

〈해어화〉는 2016년 개봉 영화로 1940년대의 경성(서울)을 배경으로 예인들의 삶과 음악 그리고 사랑을 다루고 있습니다. 영화 제목인 〈해어화〉는 '말을 이해하는 꽃'이라는 뜻으로, 영화 속 주인공 소율(한효주 분)과 연희(천우희 분)가 경성 제일의 기생학교에서 예인을 꿈꾸며 음악을 연습하고 공연하는 모습을 보여줍니다. 특히 이 영화는 기존에 국악 관련 영화의 소재로 주로 활용되던 판소리가 아닌 '정가'

를 중심으로 이야기를 전개한다는 것이 특징입니다. 당대 유행하던 다양한 음악과 함께 정가의 아름다움과 깊이 또한 느낄 수 있습니다. 일제강점기라는 역사적 배경 속에서 국악의 우아함과 애절함을 동시에 표현한 작품입니다.

〈두레소리〉는 2012년에 개봉한 실화 바탕의 영화입니다. 국립전통예술고등학교 3학년에 재학 중인 판소리 전공자 슬기와 경기민요 전공자 아름을 중심으로 내용이 전개되지요. 주인공들이 서양음악을 전공한 함 선생님과 합창 공연을 준비하면서 생기는 갈등, 그리고 이를 극복하고 화합하는 줄거리입니다. 국악과 서양음악의 조화뿐만

영화 〈쌍화점〉, 〈해어화〉의 장면

아니라, 실제로 국립전통예술고등학교 학생들과 선생님들이 출연하여 진정성을 더했다는 평가를 받습니다.

마지막으로 영화 〈파묘〉는 2024년에 개봉한 작품으로, 한국의 무속신앙과 풍수지리를 결합한 영화입니다. 영화는 무덤을 파헤치는 과정을 중심으로 기이한 사건들이 벌어지는 이야기를 그립니다. 특히 무속인 화림(김고은 분)이 굿하는 장면에서 봉길(이도현 분)이 연주하는 빠른 한배의 북 반주가 배경으로 깔리며 긴장감을 높입니다. 이렇게 국악기로 반주하는 굿은 신이 강림하는 형태 또는 예술적인 승화의 형태로 우리나라 전역에서 여전히 계승되고 있습니다. 참, 영화는 아니지만 최근에 드라마로 방영된 〈정년이〉는 창극의 한 갈래인 '여성국극'을 전 국민이 알게 해주었답니다.

영화 속 국악은 전통과 문화를 깊이 있게 반영하면서도 다양한 시대적, 사회적 배경 속에서 재해석되고 있습니다. 이처럼 영화는 국악을 통해 우리나라의 역사와 정서를 표현하며, 때로는 현대적 감각으로 재창조하여 새로운 감동을 전달하고 있습니다. 이러한 영화들은 작품 자체의 중요성을 넘어 선조들이 남긴 국악을 재조명하고 계승하는 중요한 역할을 하고 있어요. 앞으로도 더 많은 작품이 국악을 소재로 만들어져 그 감동을 이어가길 기대합니다.

3대 악성은 누구인가?

국악의 3대 악성樂聖이라 하면 왕산악, 우륵, 박연 이렇게 세 분을 지칭합니다. 이분들의 이름은 한 번쯤 들어봤을 텐데, 막상 어떤 업적을 남겼는지는 잘 기억나지 않기도 합니다. 3대 악성의 음악적 업적을 살펴보겠습니다.

왕산악은 거문고를 만든 분입니다. 왕산악과 거문고에 대한 일화는 『삼국사기』에 소개됩니다. 진晉나라 사람이 7개 줄이 있는 칠현금七絃琴을 고구려에 보냈는데, 고구려 사람들은 그것이 악기인 줄은 알지만 소리를 내는 방법과 연주하는 방법을 전혀 알 수 없었다고 합니다. 그래서 고구려 왕은 소리 내는 방법과 연주 방법을 알아내는 사람에게 후한 상을 내리겠다고 선언하였지요. 그 소식을 들은 당시 '제2상第二相' 벼슬에 있던 왕산악王山岳이 그 악기를 고쳐 새로운 악기로 만들고, 연주할 수 있는 곡도 100여 곡 지었다고 합니다. 물론 왕에게 후한 상도 받았겠지요.

그런데 신기한 일이 벌어집니다. 어느 날 왕산악이 자신이 만든 악기를 연주하고 있는데 어디선가 검은 학(현학)이 날아와 우아하게 춤을 추었다고 합니다. 이를 본 사람들은 아주 좋은 징조라고 기뻐했고, 그때부터 이 악기를 '현학금'이라 불렀습니다. 시간이 지나면서 이를 줄여 '현금(순우리말로 거문고)'이라고 부르게 되었다 합니다.

현금에서 '현玄'은 하늘을 지칭하기도 합니다. 따라서 현금은 '천금天琴'을 뜻하기도 하지요. 또한 '거문'은 옛 언어로 신성함을 뜻하는 '곱'이라고 하니 거문고가 당시 얼마나 중요한 악기였는지 알 수 있습니다. 왕산악과 거문고의 일화에서 검은 학이 날아와 우아하게 춤을 춘 것은 우연일 수 있겠지만, 실화를 기반으로 적은 『삼국사기』에 수록되었으니 지어낸 이야기는 아닌 듯합니다. 아마도 거문고가 가진

〈왕산악 표준영정〉

신성함에 대한 당위성을 보여주기 위해 기록된 것이라 생각합니다. 아무튼 왕산악이 만든 거문고는 고구려를 지나 통일신라시대까지 이어져 지배층이 가장 사랑하는 악기로 자리하였고, 조선시대에는 취미이자 자기 수양 목적으로 양반들이 즐겨 연주하였습니다.

우륵은 가야금 연주자이자

작곡가로, 가야금의 명맥을 신라에서 이어갈 수 있게 한 인물입니다. 우륵과 가야금에 대한 일화는 『삼국사기』에 소개되어 있습니다. 신라가 가장 번창했을 때, 영토를 크게 확장한 진흥왕은 각 지역을 돌며 나라의 경계를 표시하고 국경을 확인하던 중 낭성이라는 곳에 들렀습니다. 그곳에서 한 신하가 가야국에서 항복한 우륵과 그의 제자인 이문이 '금'이라는 악기를 매우 잘 연주한다고 보고했습니다. 그 말을 들은 진흥왕은 우륵과 이문을 불러 자신을 위해 악기를 연주해줄 것을 청했고, 두 사람은 가야국에 있을 때 작곡한 곡들을 연주했다 합니다.

12개 줄이 끊어질 듯 울리며 이어지는 가야금 소리에 사람들은 숨을 죽였습니다. 모두 믿기지 않는다는 표정이었죠. 서라벌 궁으로 돌아온 진흥왕은 그 감동을 잊을 수가 없었고, 신라인들도 그 아름다운 가락을 배우게 하고 싶었습니다. 그래서 우륵을 불러 오늘날 충주에 해당하는 국원이라는 곳에 집을 지어주고 계고, 법지, 만덕이라는 세 사람을 보내 각각 가야금, 노래, 춤을 배우게 했습니다.

그런데 제자들은 우륵의 음악을 "번잡하고 음란하다. 우아하고 바르다고 할 수 없다"고 평하며 허락 없이 이 곡들을 편곡했습니다. 이를 알게 된 우륵은 처음에 화를 냈지만, 결국 "즐겁지만 무절제하지 않고, 슬프지만 비통하지 않으니 가히 바른 음악이다"라는 소감을 남겼다고 합니다. 우륵이 남긴 말은 공자가 『논어』에서 언급한 말을 응용한 것이었지요. 사실 스승의 음악을 마음대로 바꾼 것도, 우

〈우륵 표준영정〉

릉이 이러한 반응을 보인 것도 이해하기는 어렵습니다.

그런데 우륵은 망한 나라에서 항복한 사람이고, 그의 음악은 가야의 음악이었으니 신라인 입장에서는 이국적이면서도 어색했을 것같기도 합니다. 아무튼 이렇게 편곡된 음악을 진흥왕이 신라의 궁중음악으로 삼았고, 그 후로 가야금은 한반도의 역사를 대표하는 악기가 되어 오늘날까지 그 명성을 이어가고 있습니다.

마지막으로, 박연은 세종대왕의 어명을 받아 제사음악인 '아악'을 완벽하게 정비한 인물입니다. 어쩌면 우리나라 음악사에서 가장 중요한 인물일지도 모릅니다. 박연이 있었기에 우리가 지금도 접할 수 있

는 수많은 악기를 복원하고 제작할 수 있었습니다. 그리고 국악의 음 높이 설정도, 제사음악의 정비도 모두 그의 업적으로 오늘날 가능했 습니다.

세종대왕은 즉위 후 가장 먼저 아악을 바로잡고자 노력했습니다. 이를 위해 음악성이 뛰어난 신하가 꼭 필요했죠. 원래 박연은 음악 관련 일을 하던 관리가 아니었는데, 세종대왕이 발탁하여 아악의 정 비를 담당하게 됩니다. 박연은 세종대왕의 어명을 받들어 국악에서 연주하는 12율의 기준이 되는 율관을 먼저 제작했고, 여기에서 도출 되는 음을 기반으로 편경, 편종 같은 중요한 아악기를 제작합니다. 그 외에도 고려 후기 이후 망가지거나 없어진 수많은 아악기들을 복원하였죠. 세종대왕은 그런 박연을 깊이 신뢰했다고 합니다.

충청북도 영동군에서는 박연과 관련된 다양한 문화행사가 열립니다. 영동군은 '영동세계국악엑스포'를 개최할 만큼 국악에 진심인 지역인데요. 이곳이 박연의 고향이기 때문입니다. 영동군을 둘러보면 그의 호 '난계'를 딴 '난계국악박물관', '난계국악축제', '난계국악단', '난계국악기제작촌', '난계사' 등 다양한 곳이 있습니다. 오스트리아 빈에 가면 모차르트의 흔적을 어렵지 않게 찾을 수 있듯이, 박연의 흔적은 영동에 가면 쉽게 찾을 수 있지요. 아무튼 박연이 있었기에 지금의 국악이 존재할 수 있었다 해도 전혀 과장되지 않은 말입니다.

이렇듯 3대 악성인 왕산악, 우륵, 박연은 우리나라 음악사에서 중요한 인물들로 각기 거문고, 가야금, 아악의 발전에 큰 기여를 했습니다. 이는 지금도 국악의 중요한 기반이 되고 있습니다.

국악기 베이스의 3대장

인접 문화권인 중국, 일본과 다른 우리나라 국악의 가장 큰 차이점 하나는 '저음 지향'입니다. 생각해보면 중국과 일본의 전통음악에서는 주로 높은 음으로 표현하는 경우가 대부분입니다. 그런데 국악에서는 낮은음의 역할이 정말 중요합니다. 그렇다면 국악에서 낮은음을 표현하는 대표적인 악기는 무엇일까요?

거문고는 술대로 쳐서
중후하고 둔탁하게

가장 먼저 거문고를 꼽을 수 있습니다. 거문고는 삼국시대부터 전해 내려오는 전통적인 현악기로 『삼국사기』에도 비중 있게 등장할 만큼 유서가 깊습니다. 또한 '백악지장百樂之丈', 즉 '백 가지 악기 중 으뜸'

이라 하여 역사적으로도 가장 높은 지위의 악기로 여겨지며 양반을 중심으로 즐겨 연주되었습니다. 사극을 보면 왕이 거문고를 연주하는 모습이 종종 등장하니 그 상징성이 어떠했는지 짐작할 수 있습니다.

거문고는 명주실로 만든 여섯 개 줄로 구성되어 있는데, 특히 저음부를 담당하는 세 개 줄인 문현文絃, 대현大絃, 무현武絃이 거문고 특유의 깊고 웅장한 소리를 만들어냅니다. 연주 방식은 왼손으로 꽤 왼쪽의 줄을 눌러 음높이를 조절하고, 오른손으로 술대라는 작은 대나무 막대를 이용해 줄을 튕겨 소리를 내지요. 이로 인해 거문고는 풍부한 울림과 더불어 깊고 중후한 저음을 냅니다.

거문고의 저음은 독주뿐만 아니라 줄풍류, 관현합주, 국악관현악 등 합주에서도 매우 중요한 역할을 합니다. 〈영산회상〉에서는 거문고가 독주로 음악의 포문을 열고, 〈별곡〉에서는 거문고의 저음 신호에 따라 다음 곡을 연주하게 되지요. 〈여민락〉, 〈취타〉 같은 궁중음악에서 거문고의 저음은 전체 음악의 기반을 이루면서도 다른 악기들의 음색을 받쳐주는 역할을 합니다. 줄풍류 음악인 〈양청도드리〉에서 거문고는 특유의 중후한 문현 소리를 지속적으로 내면서 곡을 경쾌하게 이끄는 역할을 하기도 하죠.

아쟁은 활대로 그어 부드럽고 깊게

다음으로 아쟁을 들 수 있습니다. 아쟁은 줄을 활로 문질러 소리를 내는 국악기로 아주 낮은 음역대를 들려줍니다. 고려시대에 중국 송나라에서 들여온 악기로, 고려 때부터 궁중음악의 저음을 담당한 중요한 악기입니다. 음역이 꽤 넓은데 저음에서 그 진가를 발휘합니다.

거문고가 술대를 내리치면서 저음을 중후하게 표현한다면, 아쟁은 활대를 부드럽게 그어 저음을 깊게 표현한다고 볼 수 있습니다. 그러다 보니 원래 궁중에서만 쓰던 악기가 1940년대부터는 무속음악의 반주를 비롯해 민속악에서도 개량된 형태로 사용되었습니다. 오늘날에는 시나위, 산조 등에서 가장 중요한 악기로 자리매김했지요. 참고로 궁중음악에서 쓰는 아쟁을 대아쟁, 민속악에서 쓰는 아쟁을 소아쟁이라고 합니다. 오늘날 아쟁은 크로스오버 국악 등 창작국악에서도 저음부 역할을 담당하는 일등 공신으로, 큰 음량과 풍부한 음향을 만드는 데 기여합니다.

장구는 가죽과 울림통의 진동으로 웅장하게

마지막으로 소개할 악기는 누구나 한 번쯤은 두드려보았을 장구입니다. 장구는 두 개의 다른 소리를 내는 북편과 채편으로 구성된 모래시계 모양의 전통 타악기입니다. 국악에서 가장 중요한 음악 요소인 장단을 담당하지요. 손이나 '궁굴채'로 연주하는 장구의 북편은 낮고 깊은 소리를 내는 반면, 우리가 흔히 장구채로 잘 알고 있는 가느다란 '열채'로 연주하는 채편은 상대적으로 높은 소리를 냅니다.

사실 한반도에서는 지금의 장구보다 훨씬 작은 형태의 '요고'라는 악기를 사용했습니다. 그러던 중 고려시대에 중국 송나라로부터 지금의 모습과 유사한 장구가 들어왔습니다. 그 후로 우리나라 타악기의 대표주자는 요고가 아닌 장구가 되었고, 조선시대를 거쳐 오늘날까지 장구가 쓰이지 않는 국악이 거의 없을 만큼 보편화되었습니다. 장구의 웅장하면서도 깊은 저음은 국악의 전체 무게를 잡아주기도, 독주 악기를 돋보이게 하기도, 소리의 여백을 채워주기도, 음악의 전반적 흐름을 조성해주기도 합니다.

그런데 이 세 악기가 다른 나라에서는 잘 쓰이지 않는다는 것을 알고 있나요? 거문고는 중국의 칠현금을 본떠 만든 악기이고, 아쟁과 장구는 중국 송나라에서 들여온 악기인데, 정작 중국에는 이제 이런 종류의 악기가 보이지 않습니다. 아무래도 중국에서는 저음을 좋아하지 않기 때문인 것 같습니다. 이러한 현상은 일본에서도 나타납니다. 한반도에서 거문고와 장구가 일본으로 건너간 기록이 있지만, 그나마 오늘날 일본에서 유사한 형태를 보이는 악기는 장구의 1/3 정도 크기인 '산노쓰즈미'뿐입니다. 북한의 경우 장구는 여전히 잘 쓰고 있지만 김일성이 저음을 싫어하여 거문고와 아쟁을 없애버리는 극단적인 선택을 했습니다. 그 결과 북한의 국악은 높은음이 주류를 이루었습니다. 저음의 깊이를 중시하는 우리나라의 국악과는 사뭇 다릅니다.

결국 이 세 가지 악기가 이끄는 저음 지향 음악이 우리나라 전통 음악의 독자적 특징이라 할 수 있습니다. 저음 악기들은 국악의 독특한 매력을 구성하는 중요한 수단이 됩니다. 거문고, 아쟁, 장구의 매력적인 음색에 가만히 귀 기울이면 국악의 깊이와 아름다움을 느낄 수 있습니다. 각 악기의 저음 소리를 감상하면서 마무리하겠습니다.

▶ **거문고 독주 〈달무리〉**

▶ **아쟁 독주를 위한 시나위**

바다를 잠재우는
만파식적 설화

'만 가지 파도를 잠재우는 피리'라는 뜻의 '만파식적萬波息笛'을 들어 보셨을 것 같습니다. 만파식적 설화는 『삼국유사』 권2 '기이' 편에 두 번째 항목으로 기록되어 있을 만큼 삼국의 역사에서 중요한 설화입니다.

신라가 삼국을 통일한 후 신문왕이 왕위에 올랐습니다. 그는 선왕인 아버지 문무왕을 기리기 위해 동해안에 '감은사'라는 절을 세웠습니다. 문무왕은 왜구의 침입을 막기 위해 바다의 용이 되겠다는 유언을 남겼습니다. 신문왕은 왕이 된 후 감은사를 완성하고, 용이 서릴 수 있도록 금당 섬돌 아래에 구멍을 뚫어두었지요.

그런데 어느 날 감은사를 지키던 관리가 신문왕에게 동해 한가운데 있던 작은 산이 감은사를 향해 떠오르고 있다는 보고를 했습니다. 왕은 이를 심상치 않게 여겨 점쟁이를 불러 영문을 물었습니다. 이에 점쟁이는 왕의 정성에 감탄한 선왕과 김유신의 혼령이 나라를 지킬 보배를 주실 것이라 조심스럽게 대답했지요.

신문왕은 산 가까이 사람을 보내 자세히 살펴보게 했습니다. 그런데 산에 다녀온 사람은 더 신기한 이야기를 했습니다. 그 산에 대나무가 있는데 낮에는 두 개가 되고 밤에는 한 개가 된다고 말이죠. 그 말을 들은 왕은 직접 산에 가보기로 마음먹었습니다. 9일 동안 천지가 진동하다가 조용해지자 왕은 드디어 산에 갔습니다. 그러자 왕 앞에 커다란 용이 나타나 "나는 네 아버지 문무왕이다. 이 대나무를 베어 피리를 만들면 나와 김유신의 혼령이 도와 천하가 태평해질 것"이라는 말을 남겼다고 합니다.

용의 말을 들은 신문왕은 바로 사람을 시켜 대나무를 베게 했습니다. 그러자 산과 용은 어디론가 사라져 자취를 감췄다고 합니다. 왕이 궁궐에 돌아와 그 대나무로 피리를 만들어 불었더니 적군이 도망가고, 병이 회복되고, 가뭄에 비가 오고, 장마가 그치고, 바람이 잦아들고, 파도가 잔잔해졌습니다. 이에 왕은 이 피리를 만 가지 파도를 잠재운다는 뜻의 '만파식적'이라 이름 붙여 국보로 삼았고, 월성에 있는 천존고에 소중히 보관했습니다.

그렇다면 만파식적은 오늘날의 어떤 악기일까요? 바로 대금입니다. 사실 대금은 고구려가 서역에서 들인 가로로 부는 관악기였는데요. 신라가 통일왕권의 정당성 확보를 위해 고구려에서 들여온 이 악기를 신격화하여 설화를 만든 것으로 보고 있습니다. 아무튼 그로 인해 대금은 '만파식적'이라는 아주 멋진 별명을 갖게 되었습니다.

만파식적의 전설은 신라의 역사와 문화 그리고 왕실의 권위를 상징하는 중요한 이야기입니다. 그리고 당시 이야기 중에서 『삼국유사』에 수록된 내용은 대부분 허구가 아닐까 하는 의심도 생길 법합니다. 물론 과장된 내용이 있지만 설화 기반의 기록이 한반도의 역사를 만들어가는 데 중요한 역할을 한 것도 사실입니다.

신문왕과 문무왕의 유지를 기리는 이 이야기는 신라의 호국정신과 국력을 상징하며, 신라의 평화와 안정을 기원하는 의미를 담고 있습니다. 이러한 전설은 신라에 의해 생성된 문화적 자산으로서, 오늘날에도 그 가치를 충분히 인정받고 있습니다.

판소리 다섯 마당에 대하여

"범 내려온다, 범이 내려온다. 장림 깊은 골로 대한 짐승이 내려온다." 가사만 봐도 익숙한 멜로디가 생각나지 않나요? 이날치가 불러 유명해진 이 노래는 사실 판소리 〈수궁가〉에서 호랑이가 '토선생'을 '호선생'으로 잘못 알아듣고 신나서 기세등등하게 내려오는 '범 내려오는 대목'을 모티브로 만든 창작 국악입니다.

판소리는 조선 후기에 서민이 지배층인 양반에 대한 저항의 마음을 담아 만들어 즐기던 노래입니다. 현재는 춘향과 이몽룡의 사랑 이야기가 담긴 〈춘향가〉, 효녀 심청과 그의 아버지 심봉사의 이야기인 〈심청가〉, 흥보와 놀보 형제가 등장하는 〈흥보가〉, 삼국지 이야기를 담은 〈적벽가〉, 토끼의 지혜와 별주부의 충성을 담은 〈수궁가〉까지 총 다섯 종류가 전해지고 있답니다. 우리는 이 다섯 종류를 '다섯 마당'이라고 부릅니다. 각 내용을 조금 더 자세히 살펴보겠습니다.

애절한 사랑 이야기,
〈춘향가〉

〈춘향가〉는 신분 차별을 극복한 사랑 이야기를 담고 있습니다. 남원에서 만난 기생 춘향과 양반가의 자제 이몽룡의 사랑 이야기가 중심이 되죠. 두 사람은 깊이 사랑하지만, 이몽룡이 과거를 보러 한양으로 떠난 사이 춘향은 부패한 변사또에게 잡히고, 절개를 지키기 위해 모진 고초를 겪습니다. 결국 이몽룡이 암행어사로 돌아와 춘향을 구출하고 혼인을 올립니다. 이 작품은 사랑과 충절, 권선징악의 주제를 담고 있으며, 사회적 비판과 풍자가 강하게 나타납니다.

〈춘향가〉는 네 부분으로 나뉩니다. 첫째는 '사랑'으로, 여기서 가장 유명한 대목은 '사랑가'입니다. 이 부분은 진양조장단에 얹힌 느린 '사랑가'와 중중모리장단, 자진모리장단에 얹힌 '자진 사랑가'로 나누어집니다. 둘째는 '이별'로, 이몽룡이 한양으로 떠나는 대목부터 슬픔의 계면조 선율이 지속되며 감정이 고조됩니다. 셋째는 '시련'으로, 춘향이 감옥에서 겪는 고난을 담고 있으며, 희극적인 '기생점고'와 비극적인 '옥중가', '쑥대머리'가 대비의 조화를 이룹니다. 마지막 '재회'에

◐ 판소리 〈춘향가〉 중 '사랑가'

서는 이몽룡이 과거를 보고 돌아와 춘향과 재회하는 장면이 묘사되는데, 이 부분에서는 '어사출두' 대목이 압권입니다.

효심 가득한 이야기, <심청가>

<심청가>는 효를 주제로 한 이야기입니다. 주인공 심청은 눈먼 아버지 심봉사를 위해 스스로를 공양미 삼백 석에 팔아 바다에 제물로 바치고, 그 공덕으로 아버지가 눈을 뜨게 합니다. 심청은 인당수에 몸을 던지지만 옥황상제의 도움으로 구사일생하여 황후가 되고, 나중에 극적으로 아버지 심봉사와 재회하지요. 부모에 대한 효심과 사랑을 강조하며, 옥황상제가 등장하는 판타지 같은 장면과 불교적 요소들이 극 안에 결합되어 있습니다. 조선 후기를 살아가는 백성들의 힘겨운 삶을 사실적으로 잘 표현하면서도 이를 현실적으로 불가능한 환상적인 상황으로 마무리하여 서민들에게 행복감을 느끼게 해줍니다.

<심청가>는 크게 두 부분으로 나누어집니다. 전반부는 심청과 심봉사가 험난하게 살아가는 내용으로, 심청의 탄생, 어머니 곽씨 부인의 죽음, 그리고 미천한 신분, 가난, 장애를 가진 부녀가 세상을 힘겹게 살아가는 내용, 공양미 삼백 석이 필요하여 남경선인에게 자신을

판 심청이가 인당수에 빠지는 장면까지를 담고 있어요. 이 부분에서는 '곽씨 부인 유언', '시비 따라 가는 대목', '범피중류', '심청이 물에 빠지는 대목'이 매우 유명합니다. 전반적으로 계면조, 서정적이면서도 슬픈 느낌이 두드러집니다. 특히 심청이 물에 빠지는 비극적 장면이 압권입니다.

후반부는 황후로 환생한 심청에 관한 내용으로, 심청이 황후가 되어 아버지를 만나는 장면이 펼쳐집니다. 이 부분에서 단연 최고의 대목은 '심봉사 눈 뜨는 대목'인데요. 아무리 들어도 항상 눈이 습해지는 것은 어쩔 수 없는 현상인가 봅니다. 아무튼 이 내용에서는 심청의 효심, 장애를 극복하는 심봉사 등 희망의 메시지를 담아내며 최고의 감동으로 마무리됩니다.

▶ 판소리 〈심청가〉 중 '심봉사 눈 뜨는 대목'

형제의 우애 이야기,
〈흥보가〉

〈흥보가〉는 마음씨 착한 동생 흥보와 심술 가득한 형 놀보의 이야기를 다룹니다. 〈흥보가〉는 동물이 인간에게 해를 끼치기도 하고 은혜를 갚기도 한다는 자연주의적 설화에 기반합니다. 그런 면에서 동양 여러 나라에서 전해지는 설화와 유사한 면이 있습니다. 아무튼 흥보와 놀보의 이야기는 권선징악, 우애와 같은 교훈을 담고 있지요. 요즘도 심술 가득하고 못된 사람을 놀보에 비유하고 있으니 어쩌면 판소리 다섯 마당 중 지금까지도 인간사에 가장 잘 녹아든 작품이 아닐까 합니다. 〈흥보가〉 이야기는 우리나라 고전 중에서 가장 통쾌한 권선징악 스토리라고 할 수 있어요.

〈흥보가〉의 구성은 세 부분으로 나눠볼 수 있습니다. 첫째 부분은 '부자 놀보와 가난한 흥보'로, 흥보의 가난과 놀보의 욕심이 강하게 대비됩니다. 이 부분에서는 '형님 댁에 가서 비는 대목'과 제비가 박씨를 물고 오는 '제비노정기'가 일품입니다. 특히 '제비노정기'는 고을 이름과 지명을 나열하고 대자연의 경관을 노래하는 내용으로, 〈흥보가〉를 대표하는 대목으로 유명하지요. 두 번째 부분은 '부자가 된 흥보'로 "흥보가 좋아라고 흥보가 좋아라고"로 시작하는 '박에서 나온 돈과 쌀을 털어 비워놓는 대목'이 매우 유명합니다. 마지막 부분은 '놀보의 패가망신'으로, 부자가 된 흥보 이야기를 들은 놀보가 비

● ▶ 판소리 〈흥보가〉 중 '박 타는 대목'

숫한 방식으로 부자가 되려다가 완전히 망하고 뉘우치는 내용을 담고 있습니다. 이 부분에서는 '화초장타령'과 '제비 후리러 나가는 대목'이 일품이지요.

의리와 전쟁 이야기, <적벽가>

<적벽가>는 중국의 『삼국지연의』 중 '적벽대전'을 배경으로 한 이야기입니다. 다섯 마당 중 유일하게 나관중 원작의 중국 소설을 배경으로 하고 있지요. <적벽가>는 적벽대전에서 주유와 제갈량이 조조군을 상대로 벌인 전투와 전략을 중심으로 내용이 전개됩니다. 그 중에서도 화공을 이용한 전투의 승리 과정이 자세히 묘사됩니다. 원래 <적벽가>는 '화용도'라고 부를 정도로 조조가 적벽대전에서 패하여 화용도로 도망치는 모습이 중점적으로 묘사되었는데, 오늘날에는 '도원결의', 유비가 삼고초려하여 제갈량을 얻는 대목 등도 포함되어 있습니다. 즉 의리와 전쟁이 <적벽가>를 관통하는 핵심 키워드라 할 수 있죠. 그런데 아무래도 <적벽가>는 서민 중심의 판소리이다 보니 영웅담에 가까운 원작을 각색하여 전쟁에 참가하는 군사, 즉 백성의 입장에서 조조와 같은 지배층을 허세와 위선의 모습으로 보며 조롱하고 비판한다는 점이 특징입니다.

〈적벽가〉에서 가장 유명한 대목은 유비가 제갈량을 얻기 위한 '삼고초려', 제갈량이 남병산에 올라가서 동남풍을 비는 '공명기풍', 조운이 활을 쏘는 '자룡탄궁', 기나긴 전쟁에 지쳐 고향의 부모와 처자식을 그리워하는 '군사설움', 조조가 적벽대전에서 크게 패한 후 도주하다가 화용도에 이르기 전에 군사들을 점검하는 '군사점고' 등입니다. 아무래도 적벽가의 하이라이트는 단연 '적벽대전'일 것입니다. 긴장감을 풀어주는 유머와 해학적인 사설로 그려져, 전투의 긴장감을 완화시키며 극의 흐름을 이어갑니다.

▶ 판소리 〈적벽가〉 중 '군사설움'

지혜와 충성의 이야기,
〈수궁가〉

마지막으로 〈수궁가〉는 여러 동물을 통해 인간의 세태를 적나라하게 묘사합니다. 〈수궁가〉에 등장하는 토끼와 별주부 이야기는 『삼국사기』 '열전'의 김유신 편부터 등장할 만큼 우리나라에서는 오래된 이야기입니다. 그 내용이 조선 후기까지 자연스럽게 이어져 〈수궁가〉

가 탄생했다고 볼 수 있습니다. 〈수궁가〉의 주제는 토끼의 지혜와 별주부(자라)의 충성심으로, 이 두 가지는 상반된 성격을 보이며 극의 해학과 갈등 구조를 조화롭게 엮고 있습니다. 〈수궁가〉는 이 과정에서 왕에 대한 맹목적인 충성이나 희생보다는 개인의 삶과 자유의지가 더 중요하다는 시대정신을 담아내고 있습니다.

〈수궁가〉의 배경은 수궁, 육지, 수궁, 육지 순으로 나타나는데요. 이 중에서 음악적으로 가장 두드러진 부분은 두 번째 수궁 장면으로, 토끼가 용왕을 속이고 육지로 유유히 탈출하는 대목입니다. 이 대목은 토끼가 수궁에 들어가 수중의 경치를 즐기는 '소상팔경'부터 이날치가 '좌우나졸'이라는 제목으로 편곡해 불러 유명한 '토끼 용왕 앞에 붙들려 가는 대목', 그리고 '토끼 용왕을 속이는 대목', '토끼가 별주부를 골탕 먹이는 대목'까지 이어집니다. '범 내려오는 대목'은 호랑이가 등장하니 당연히 육지가 배경입니다.

이렇게 판소리 다섯 마당의 이야기는 그 시대의 사회적 문제와 인간의 본성을 다루며, 청중에게 깊은 감동과 교훈을 주었습니다. 판소리는 오늘날 국가무형유산이자 유네스코 인류무형문화유산으로 등재되었고 대중에게 사랑을 받고 있습니다. 이 다섯 마당을 바탕으

◉ ▶ 판소리 〈수궁가〉 중 '범 내려오는 대목'

로 지금도 다양한 방식의 현대적 예술로 승화시키고자 꾸준한 노력이 이어지고 있습니다. 판소리 다섯 마당은 우리 선조인 조선 후기 백성의 삶을 가장 잘 표현하는 이야기이자 살아 있는 역사가 아닐까 합니다.

40가지 주제로 읽는 국악 인문학

PART 3

국악곡에
숨은 비밀

백성과 즐기는
〈여민락〉에 숨은 이야기

〈여민락與民樂〉은 '백성과 더불어 즐긴다'는 뜻의 대표적인 궁중음악입니다. 세종대왕께서 백성을 사랑하는 마음을 담아 만든 음악으로도 유명하지요. 곡의 제목만 봐도 그가 백성을 위한 문화통치를 얼마나 중시했는지 알 수 있습니다.

〈여민락〉은 원래 『용비어천가』의 노랫말을 바탕으로 만든 곡입니다. 『용비어천가』는 조선 세종 27년(1445)에 편찬되어 세종 29년(1447)에 발간된 서사시로, 조선 왕조의 정당성과 창업의 업적을 기리기 위해 세종대왕이 권제, 정인지, 안지 등에게 명하여 편찬하였습니다. "해동 육룡이 나르샤"로 시작하는 『용비어천가』를 노랫말로 삼아 음악으로 만든 〈여민락〉은 조선 왕조의 문화와 예술을 대표하는 곡으로 자리 잡았습니다. 〈여민락〉은 단순히 왕과 귀족이 즐기는 음악이 아닌, 백성과 더불어 즐기는 음악으로 처음부터 설계되었습니다. 이는 세종대왕이 음악을 통해 백성과 소통하고, 그들의 삶에 기쁨을 주고자 한 의도가 반영된 것입니다. 이러한 점에서 〈여민락〉은 세종 대왕의 애민정신을 가장 잘 보여주는 음악이라고 할 수 있습니다.

〈여민락〉은 그 장대한 규모와 독특한 음악적 구조로 유명합니다. 총 7장으로 구성되었는데, 곡 자체가 느린 데다가 장마다 32장단으로 일정하게 구성되어 있습니다. 그래서 전 곡을 연주하면 1시간 반 정도가 걸립니다. 연주자들에게는 상당한 인내가 필요합니다. 특히 두 팔을 공중으로 뻗고 연주하는 대금 같은 관악기 연주자에게는 이 정도의 긴 연주가 큰 도전이 됩니다. 물론 현악기, 타악기 연주자에게도 인내가 필요합니다. 〈여민락〉은 느리고 장중한 선율, 각 장의 반복적인 구조, 3장까지 매우 느리게 연주하다가 4장부터 빨라지는 변화가 특징으로 분위기를 매우 웅장하고 장엄하게 만듭니다. 〈여민락〉을 잠깐 감상해보겠습니다.

▶ 〈여민락〉

〈여민락〉은 조선시대 장악원 악사들에 의해 연주되었습니다. 주로 왕의 행차나 궁중의 각종 연회에서 연주되었습니다. 생각해보면 왕이 행차하거나 궁중에서 연회가 개최되는 빈도는 매우 높았을 것 같습니다. 따라서 잦은 〈여민락〉 연주로 장악원 악사들에게는 집중력과

체력이 상당히 필요했을 듯합니다. 물론 백성을 사랑하는 왕의 마음을 음악으로 잘 표현해보고자 최선을 다했겠지만, 연주하는 때마다 버거웠을 것 같습니다.

저는 중학교 시절에 3년간 대금을 전공했습니다. 여름방학이 되면 학교에서 전교생을 데리고 전공 수련회를 갔습니다. 수련회에서 가장 인상적이면서도 괴로웠던 활동은 수백 명이 참여하는 전교생 합주였습니다. 합주 시간에는 보통 1시간 반 내외로 연주할 수 있는 〈영산회상〉이나 〈여민락〉을 연주했는데, 〈영산회상〉은 그나마 점점 빨라지는 묘미가 있어 스릴이라도 있었지만, 〈여민락〉은 정말 힘이 든 기억이 납니다.

세종대왕께서 백성을 사랑하는 마음을 담아 창작했다고 알려진 이 곡은 사실 연주자 입장에서는 팔이 빠지도록 아픈 음악이었음을 온몸으로 체험한 시간이었지요. 아무튼 장당 32장단씩이나 되는 〈여민락〉을 7장까지 한바탕 연주하고 나면 팔은 이미 내 팔이 아니었고, 양반다리를 했던 두 발도 무중력 상태에 도달하게 됩니다. 그런데 교사가 되고서는 달라졌습니다. 전공 수련회 합주 때 힘들어서 악기를 조금씩 내리는 학생에게 다가가 '요령을 부리면 자신과의 싸움에서 진다'고 회유하는 제 모습을 발견했습니다. 인간은 망각의 동물이 맞나 봅니다.

오늘날 〈여민락〉은 여전히 국악에서 가장 중요한 레퍼토리 중 하나로 인식되며 다양한 공연에서 선보여지고 있습니다. 또한 연주자로 성장해나가기 위한 교육에서도 여전히 중요하게 여겨지고 있지요. 〈여민락〉은 세종대왕의 애민정신과 조선의 문화적 정수를 담은 음악입니다. 긴 연주 시간과 반복적인 구조를 오롯이 소화하는 일은 연주자에게는 매 순간 큰 도전이지만, 이를 통해 얻는 성취감과 음악적 깊이는 무엇과도 비교할 수 없습니다. 〈여민락〉은 조선 초기의 궁중 문화 전통을 현대로 이어주는 중요한 고리이자, 자랑스러운 마음으로 계승해야 할 우리의 소중한 문화유산입니다.

판소리 일곱 마당이
사라진 이유

앞에서 우리는 조선 후기의 서민 스토리인 판소리에 대해 살펴보았습니다. 사랑을 담은 〈춘향가〉, 효심을 담은 〈심청가〉, 우애를 담은 〈흥보가〉, 의리를 담은 〈적벽가〉, 지혜를 담은 〈수궁가〉까지 총 다섯 마당은 현재를 살아가는 우리에게도 많은 시사점을 줍니다.

그런데 판소리가 이것 말고도 일곱 종류가 더 있었던 것을 알고 있나요? 아무래도 양반들에게 억눌린 감정을 가진 서민들이 만든 음악이 판소리이다 보니 양반에게 복수하는 내용, 선정적인 내용 등 자극적인 소재가 많았다고 합니다. 그렇다면 사라진 판소리 레퍼토리는 당시 사람들에게는 정말 흥미진진한 내용이었을 것이고, 엄청난 히트를 치지 않았을까 생각합니다.

판소리는 원래 열두 마당이었다

판소리에서는 하나의 작품을 '마당'이라고 합니다. 판소리는 원래 큰 마당이 있는 저잣거리에서 하던 음악이었죠. 그래서 '마당에서 길게 제대로 하는 소리'라는 의미로 '마당'이라고 부른답니다. 조선 순조 때 편찬된 신위의 『관극시』(1826), 철종 때 지은 윤달선의 『광한루악부』(1852)를 보면 당시에는 판소리가 열두 마당이 있었다고 합니다. 그런데 송만재의 『관우희』(1843년경)를 보면, "외설적이고 현혹적이며 조잡한 내용을 가진 판소리는 차차 부르지 않게 되었다"는 내용이 나옵니다. 맞습니다. 지금 남은 다섯 마당을 제외한 사라진 일곱 마당이 있습니다. 〈변강쇠타령〉, 〈옹고집타령〉, 〈배비장타령〉, 〈강릉매화타령〉, 〈장끼타령〉, 〈무숙이타령〉, 〈가짜신선타령〉이 지금은 전해지지 않고 있는 사라진 마당입니다. 그 구체적인 내용을 알아보겠습니다.

〈변강쇠타령〉은 그래도 다른 곡들보다 꽤 오래 살아남아 일제강점기까지는 부분적으로나마 불렸다고 합니다. 전라도에 사는 변강쇠와 황해도에 사는 옹녀의 이야기인데, 둘은 각기 성적인 욕구를 추구하다가 동네에서 쫓겨났고 우연히 만나 부부가 되었다고 합니다. 그런데 변강쇠가 일은 하지 않고 놀기만 하면서 장승을 잘라 땔감으로 쓰다가 천벌을 받아 죽게 되는데, 이 변강쇠의 초상을 치르는 과정에서 생기는 기이한 이야기를 해학적으로 풀어냈답니다. 〈변강쇠타령〉은 매우 음란한 노래로 알려져 있지만, 우리 삶에서 중요한 '성性'을 주제로 하며 천민의 삶을 구체적으로 다루었다는 점에서 의미가 있습니다.

〈옹고집타령〉은 소설 『옹고집전』을 통해 내용을 짐작할 수 있습니다. 옹진골에 사는 옹고집은 매사에 욕심이 많고 심술궂은 사람입니다. 동냥하러 온 스님에게도 행패를 부렸는데 화가 난 스님이 도술을 부려 지푸라기로 가짜 옹고집을 만든 후 진짜 옹고집이 집에서 쫓겨나게 만듭니다. 진짜 옹고집은 결국 고생 끝에 개과천선하는 이야기입니다. 옹고집의 모습은 우리가 잘 아는 놀보의 모습과 비슷하죠? 바로 조선 후기에 등장한 서민 부자층으로 심화된 갈등과 이기심을 묘사한 작품이라 할 수 있습니다.

〈배비장타령〉도 소설 『배비장전』으로 그 내용을 알 수 있습니다. 제주 목사를 따라 비장裨將이라는 직책으로 제주도에 온 배선달은 성인군자인 척하며 도도하게 지내던 사람이었습니다. 그러다 기생 애랑의 유혹과 방자의 계략에 넘어가 알몸으로 뒤주 속에 갇혀 바다에 버려집니다. 그런데 사실 바다가 아닌 감영의 뜰이었습니다. 이 사실을 모르고 뒤주에서 헤엄을 치며 탈출하다가 사람들에게 망신을 당하는 내용이랍니다. 〈배비장타령〉은 바른 척하며 형식만 중시하던 공허한 유교사상을 비판하는 내용입니다.

〈강릉매화타령〉은 타락한 인물인 골생원을 풍자하면서 건전한 삶의 균형감각을 일깨우는 내용입니다. 강릉부사의 책방이던 골생원은 강릉의 기생 매화에게 푹 빠져 즐겁게 지냅니다. 그러다 아버지의 권유로 본 한양에서의 과거시험까지 매화를 그리워하는 시를 써 낙방하고 강릉으로 돌아오게 됩니다. 이에 강릉부사는 매화가 죽었다고 거짓을 알려주는데, 골생원은 매일 매화의 무덤에 가 통곡하며 지내게 됩니다. 그러다가 강릉부사의 지시로 매화가 귀신인 척하며 골생원을 만나 나체로 그를 경포대에 유인하여 망신을 주는 줄거리입니다.

〈장끼타령〉은 소설 『장끼전』을 통해 그 내용을 알 수 있습니다. 남편인 장끼가 아내인 까투리의 말을 듣지 않고 콩을 주워 먹다가 짐승을 잡는 틀에 잡혀 죽습니다. 그러자 까투리는 여러 새의 청혼을 받게 되고, 결국 문상을 온 홀아비 장끼에게 시집을 가서 잘살았다는 내용입니다. 〈장끼타령〉은 욕심을 버리고 다른 사람의 충고를 잘 들어야 한다는 교훈과 함께 서민을 참혹하게 수탈하는 당시 모습을 묘사하고 있지요.

〈무숙이타령〉은 '왈자타령'이라고도 불립니다. 김무숙은 한양 갑부의 아들로 왈자(건달)였는데, 평양에서 선발되어 궁중 내의원에 들어간 기생 의양에게 푹 빠졌습니다. 무숙은 의양을 궁중에서 빼내 살림을 차렸지만 여전히 방탕한 생활을 했습니다. 보다 못한 의양이 여러 사람과 공모하여 무숙을 극도로 궁핍하게 만들었고, 결국 무숙이 개과천선한다는 내용입니다. 〈무숙이타령〉은 당시 사회문제였던 왈자의 모습을 풍자하고 부유층에게 삶에 대한 경각심을 주는 목적이 있었다고 합니다.

〈가짜신선타령〉은 신선이 되려고 금강산에 들어가 나이 많은 스님으로부터 신선이 먹는다는 천도복숭아와 천일주를 구해서 먹었으나 결국 속았다는 이야기입니다. 노랫말이 전해지지 않지만 송만재가 쓴 『관우희』라는 책에 그 내용이 담겨 있어 줄거리 정도는 파악할 수 있답니다.

그럼에도 불구하고
살아남은 다섯 마당

결국 사라진 일곱 마당의 내용을 정리해보면 천벌을 받아 죽는 이야기, 기생에게 빠지는 등 성과 관련된 이야기, 욕심을 부리는 이야기, 유교에 대한 비판적 이야기, 자신의 삶에 최선을 다하지 않는 이야기, 속고 속이는 이야기가 있습니다. 당시 서민이 이 내용을 저잣거리에서 즐기며 다 같이 모여 웃고 떠들며 신나 했을 모습이 상상되지 않나요? 서민 입장에서는 정말 화젯거리가 아닐 수 없었겠죠.

그런데 이러한 판소리에도 양반들이 참여하게 됩니다. 점잖아 보이던 양반들도 속으로는 판소리가 재미있었던 모양입니다. 그러다 보니 자연스럽게 교훈적인 이야기만 살아남고, '외설적이고 현혹적이며 조잡한' 일곱 마당은 차츰 사라진 것입니다. 물론 그 일곱 마당에도 교훈적인 내용이 담겼지만, 아무래도 양반들이 보기에는 너무 자극적이었나 봅니다.

결국 최종적으로 양반들에 의해 선택된 다섯 마당은 유교의 이념인 삼강오륜三綱五倫에 부합하는 내용이었습니다. 우여곡절 끝에 부부가 된 춘향과 이몽룡의 이야기 〈춘향가〉는 부부유별夫婦有別, 효녀 심청과 아버지 심봉사의 이야기 〈심청가〉는 부자유친父子有親, 삼국지에 등장하는 여러 무장의 신의를 그린 〈적벽가〉는 붕우유신朋友有信, 흥보와 놀보 형제의 이야기를 그린 〈흥보가〉는 장유유서長幼有序, 용왕에 대한 별주부의 충성을 이야기하는 〈수궁가〉는 군신유의君臣有義와 연결되죠. 살아남은 이 이야기들은 수백 년이 지나는 동안 꾸준히 사랑받았고, 지금의 우리에게도 감동을 주는 노래이자 교훈이 담긴 재미있는 이야기로 남았습니다.

뜻도 유래도 모르고
부른 〈아리랑〉

　〈아리랑〉은 한국을 대표하는 민요이자 문화 브랜드입니다. 국가무형유산으로 등재되지 않은 종목 중에서는 최초로 2012년에 유네스코 인류무형문화유산에 선정되었고, 이후 국가유산청에서는 〈아리랑〉과 같이 보편적으로 널리 공유되어온 문화들을 국가무형유산으로 등재하기 위하여 무형유산 보유자나 보유단체가 존재하지 않아도 국가무형유산이 될 수 있도록 2014년에 문화유산보호법을 전면 개정했습니다.

　우리나라 사람이라면 남녀노소 할 것 없이 〈아리랑〉을 모르는 이가 없고, 국가 대항 스포츠전에서는 응원가 대신으로 사용되어 한민족의 결속력을 강화시켜주며, 혹자는 남북통일이 되면 〈아리랑〉을 국가로 지정해야 한다고 주장할 정도이니 〈아리랑〉의 민족적 대표성은 아무리 강조해도 지나치지 않습니다. 제2의 애국가나 마찬가지인 셈이지요.

〈아리랑〉은 본래 강원도 정선을 비롯하여 영월과 평창 등 태백산 맥 일대에 집중적으로 분포되어 있던 메나리조의 '아라리'에서 유래 하였습니다. 메나리조는 상행 시 미→라→도로 도약진행하고, 하행 시 라→솔→미로 빠르게 진행하는 선율 형태를 말합니다. 산간 지방 의 흙의 소리였던 〈아리랑〉은 19세기 중반 서울의 직업적인 소리꾼들 에 의하여 역사와 사회의 소리, 즉 한惏의 정서로 변하면서 자연스럽 게 전국 각지로 퍼져 각 지역의 기본적 음악 어법과 결합하여 지역 을 대표하는 민요로 자리매김하였습니다.

이러한 가운데 1926년에 나운규 감독의 영화 〈아리랑〉이 제작되 었고, 대중 민요 스타일로 재구성한 영화 〈아리랑〉의 주제가가 대유 행을 일으키며 오늘날 우리나라의 모든 〈아리랑〉을 대표하게 된 것입 니다. 이후 시기와 지역에 따라 다양한 선율과 가사의 변화가 발생하 였는데, 그 결과 현재 전해지는 〈아리랑〉의 종류만 해도 수백 가지이 니 일반적인 다른 민요들과는 확실히 그 성격에서 차이가 있습니다.

〈아리랑〉에 관한 최초 기록은 1896년에 미국인 교사 겸 선교사 헐버트Hulbert가 채록하여 발표한 것으로, 미국의 인류학자 플래처 Fletcher가 같은 해에 녹음하여 현재 미국 의회도서관에 보관되어 있는 'Ar-ra-rang' 음원과 동일합니다. 헐버트가 채록하여 출판한 악보에 는 "일반적으로 한국인은 음식에서 쌀이 그러하듯, 음악에서 이 노 래를 같은 위치에 둔다. 그 외에는 겨우 부속물에 불과하다. 언제나 어디에서나 듣게 된다"고 언급되어 있습니다. 이를 통해 19세기 후반에는 이미 한반도에서 〈아리랑〉을 부르는 일이 매우 보편화되어 있었으며, 심지어는 음식 중 쌀에 비유될 만큼 일상에 스며 한국인의 정서를 대표했음을 짐작할 수 있습니다.

〈아리랑〉은 '아리랑' 또는 그와 유사한 발음의 단어가 들어간 후렴을 부르는 노래를 모두 의미합니다. 지역과 세대를 초월하여 광범위하게 전승되며 재창조되었고, 가사가 정해져 있지 않고 주제도 개방되어 있어 누구든 자유롭게 노래할 수 있는 '쉬운 음악'입니다. '아리랑 아리랑 아라리요'라는 후렴구만 들어가면 누구나 쉽게 만들어 부를 수 있거든요. 따라서 한반도뿐만 아니라 해외에서도 널리 애창되었는데, 이는 해외에 거주하는 교포들에 의해 그들이 가지고 있는 한의 정서와 결합되어 더욱 두드러졌습니다.

〈아리랑〉의 의미는 한 가지로 명확히 정의되지 않고 여러 가지 설이 있습니다. 밀양의 전설적인 인물 '아랑'에서 비롯되었다는 설, 신라의 왕비인 알영비(閼英妃)에서 비롯되었다는 설, '긴(아리) 강(라)'을 의미한다는 설, 아리따운 임을 의미한다는 설, 나의 이치를 찾는다(我理朗)는 설 등 매우 다양하지요.

그런데 정확한 근거가 뒷받침되지 못하기에 이 중 어떤 의미가 맞는지는 밝혀지지 않았습니다. 아무튼 오늘날 〈아리랑〉은 의미 없는 사설로서 흥을 돋우고 운율을 메워나가는 구실을 한다고 생각하면 됩니다. 다양한 지역의 〈아리랑〉에서 '아리랑'이라는 가사는 여러 종류로 나타나며 쓰임새 또한 다양한데, 노래에서 도입 부분으로 쓰이기도 하고 뒷소리, 받음소리, 넘김소리로도 쓰입니다.

대표적인 〈아리랑〉의 종류로는 평안도의 〈긴아리랑〉, 황해도의 〈해주아리랑〉, 강원도의 〈강원도아리랑〉과 〈정선아리랑〉, 경기도의 〈본조아리랑〉, 전라도의 〈진도아리랑〉, 경상도의 〈밀양아리랑〉, 그리고 우리가 가장 잘 알고 있는 〈아리랑〉이 있습니다. 각각을 비교하면서 감상하면 그 차이를 느낄 수 있습니다.

▶ 〈해주아리랑〉

▶ 〈강원도아리랑〉

▶ 〈정선아리랑〉

▶ 〈아리랑〉

▶ 〈진도아리랑〉

▶ 〈밀양아리랑〉

유행 좀 안다는
사람들의 〈영산회상〉

유행은 돌고 돕니다. 분명히 비교적 최근까지만 해도 포켓몬빵, 짜파구리, 〈이상한 변호사 우영우〉, 〈환승연애〉, 〈Hype boy〉 릴스, 푸바오, 소금빵, 〈첫 만남은 너무 어려워〉, 꽁꽁 얼어붙은 한강 위로 고양이가 걸어다닙니다 릴스가 유행이었던 기억이 납니다. 그런데 어느새 〈마라탕후루〉, 〈흑백요리사〉, 〈아파트〉가 그 자리를 대체했어요. 독자들이 책을 접하는 시점에는 또 다른 유행이 있을 것이라 생각합니다.

그러면 조선 후기에는 어떤 유행이 있었을까요? 분위기야 달랐겠지만 어쩌면 당시에도 지금처럼 눈 깜짝할 사이에 수많은 유행이 오갔을지도 모르겠습니다. 그런데 그 와중에도 꽤 오랫동안 양반과 중인에게 유행했던 음악이 있지요. 바로 〈영산회상〉입니다.

〈영산회상〉은 원래 '영산회상불보살靈山會相佛菩薩'이라는 가사를 가진 불교 성악곡이었으나 17세기 후반부터 기악화되었습니다. 아마도 조선시대가 유교를 숭상하다 보니 불교음악이던 〈영산회상〉의 가사를 계속 부르기에는 어려움이 있었을 것입니다. 〈영산회상〉의 종류에는 〈현악영산회상〉, 〈평조회상〉, 〈관악영산회상〉 세 가지가 있는데, 각 용도와 악기 편성에 차이가 있습니다.

먼저 〈현악영산회상〉은 풍류방에서 양반 및 중인이 삼삼오오 모여 취미로 연주하던 〈영산회상〉으로, 거문고를 중심으로 연주합니다. 그러다 보니 악기 편성이 비교적 소규모로 이루어지는데요. 가야금, 거문고, 대금, 피리, 해금, 장구가 각 한 대씩만 편성되거나 양금, 단소 같은 작은 음량의 풍류방 대표 악기들이 합류하기도 합니다.

〈평조회상〉은 〈현악영산회상〉을 편곡한 음악입니다. 악기당 한 명씩 편성하는 〈현악영산회상〉과 달리 〈평조회상〉은 대규모 관현합주로 연주하지요. 〈평조회상〉이 주로 궁중에서 잔치 음악으로 사용되었기 때문입니다. 무려 100명 이상이 합주하기도 하는 이 음악은 가야금, 거문고, 대금, 피리, 해금, 장구 외 아쟁, 소금, 좌고, 박 등의 악기가 포함되기도 합니다.

〈관악영산회상〉은 무용 반주로 연주하기 위해 관악기 위주로 편곡한 음악입니다. 역사적으로 우리나라에서는 무용 반주에 주로 관악기를 써왔는데요. 아무래도 관악기가 현악기에 비해 음량이 상대적으로 아주 크기 때문일 것입니다.

〈관악영산회상〉은 피리 둘, 대금 하나, 해금 하나, 장구 하나, 좌고 하나의 총 6명으로 연주하는 '삼현육각' 편성입니다. 만약 무용 반주로 이 곡을 연주하지 않는다면 악기 수를 조금 더 늘리고 아쟁 등의

〈현악영산회상〉의 연주 모습

〈평조회상〉의 연주 모습

〈관악영산회상〉의 연주 모습

악기를 추가하기도 하니 참고해주세요. 제시된 사진들을 보면 세 종류의 〈영산회상〉이 확실히 구분될 것입니다.

세 가지 〈영산회상〉은 모두 나름의 독특한 매력을 가지고 있습니다. 각기 다른 분위기로 다양한 감동을 선사하지요. 〈현악영산회상〉의 고즈넉한 아름다움, 〈평조회상〉의 장엄한 화려함, 〈관악영산회상〉의 길게 이어지는 관악기 선율. 모두가 조화롭게 어우러져 국악의 풍부함을 보여준답니다.

〈영산회상〉은 총 아홉 곡의 모음곡으로 구성되어 있습니다. 〈상영산〉, 〈중영산〉, 〈세영산〉, 〈가락덜이〉, 〈상현도드리〉, 〈하현도드리〉, 〈염불도드리〉, 〈타령〉, 〈군악〉의 순서인데요. 이 중 원곡은 첫 곡인 〈상영산〉입니다. 〈상영산〉에서 〈중영산〉과 〈세영산〉이 만들어졌고, 〈세영산〉에서 〈가락덜이〉가 만들어졌습니다.

그리고 〈세영산〉 등의 영향을 받아 〈상현도드리〉가, 〈상현도드리〉의 음역을 낮게 편곡하여 〈하현도드리〉가 만들어졌습니다. 여기에 불교에서 유래한 〈염불도드리〉, 민간에서 유래한 〈타령〉, 군대에서 유래한 〈군악〉이 붙으면서 대규모의 모음곡이 되었습니다. 그중 마지막 곡인 〈군악〉을 감상해보겠습니다.

▶ 〈영산회상〉 중 〈군악〉

개인적으로 〈영산회상〉과 관련한 일화가 생각납니다. 초등학교 때 저는 단소로 겨우겨우 〈아리랑〉과 〈도라지타령〉 정도를 연주했습니다. 그것도 운이 좋을 때의 이야기지요. 단소를 배울 때마다 조금이라도 소리가 더 잘 나는 입 모양을 찾다가, 소리가 잘 나오면 절대 단소를 입에서 떼지 않고 1시간을 버티곤 했어요. 아마 단소를 불어보았다면 공감이 될 것입니다.

　그런데 예술계 중학교에 입학했더니 단소가 독립된 교과목으로 따로 있더라고요. 심지어 그 시간에 〈현악영산회상〉의 첫 곡인 〈상영산〉을 한 학기 동안 연습해야 하는 청천벽력 같은 일이 벌어졌습니다. 잘 되었을 리가 만무해요. 소리도 운이 좋아야 겨우 나는 상태인데, 시김새(국악의 장식음) 부호는 어찌나 복잡한지 손가락이 쉴 틈이 없었답니다.

　가장 큰 문제는 호흡이었습니다. 10분 정도 연습하고 나면 머리가 어질어질해서 약간의 엄살과 함께 30분은 쉬었던 것 같습니다. 그래서 일단 손가락 연습부터 시작하기로 했답니다. 소리 내기 연습은 따로 하기로 하고, 단소를 잡고 손가락을 자유롭게 놀리는 일을 반복했지요. 휴대가 간편한 악기라서 늘 책상 한편에 두고 심심할 때마다 만지작거렸습니다. 그렇게 몇 달간 반복하다 보니 손가락은 어느 정도 돌아가기 시작했고, 이제 소리만 잘 나면 모든 문제가 해결될 것 같았죠.

　소리가 잘 나리라는 희망을 가지고 열심히 손가락을 놀리던 어느 날 갑자기 맑은 소리를 낼 수 있게 되었답니다. 입학 후 거의 1년이 지난 시점이었어요. 그 후로는 자신감을 가지고 단소를 연주할 수 있게 되었고, 사투를 벌였던 〈영산회상〉도 자연스럽게 친숙한 음악이 되었습니다. 이처럼 〈영산회상〉과 가장 친해지는 길은 직접 연주해보는 것입니다. 물론 저처럼 약간의 시행착오는 있겠지만요.

〈영산회상〉은 선조들의 삶과 철학이 담긴 멋진 선율과 깊은 뜻을 담은 아름다운 음악입니다. 〈영산회상〉을 연주하고 감상하는 것은 우리의 전통문화를 지키고 이어가는 일이기도 하며, 나아가 우리의 역사와 문화를 이해하는 중요한 열쇠가 되기도 합니다. 수백 년 전 유행을 선도하던 사람들이 즐기던 〈영산회상〉을 통해 그들의 감성과 지혜를 느끼고, 그 삶을 보다 가까이에서 이해할 수 있습니다.

사물놀이, 네 개의 악기로
세계를 놀라게 하다

풍물놀이에서 쓰이는 꽹과리, 장구, 북, 징의 네 가지 타악기를 가지고 연주하는 실내음악을 사물놀이라고 합니다. 사물이란 용어는 원래 불교에서 쓰이는 범종, 법고, 목어, 운판을 가리키는 말이지만, 20세기 후반부터 사물놀이가 대중화되면서 이 음악에 쓰이는 네 가지 악기를 사물이라고 칭하게 되었습니다. 사물놀이라는 명칭은 이러한 장르를 처음 연주한 단체 이름에서 유래하였는데, 이후 연주 형태를 지칭하는 단어가 되었습니다.

사물놀이는 풍물놀이 중 '판굿'을 무대화한 음악입니다. 원래 풍물놀이는 야외에서 연희와 함께 대규모로 연주하는 형태인데요. 사물놀이는 이 중 장단을 구사하는 네 가지 타악기만 가지고 실내 무대에서 연주하도록 구성한 것이죠. 사물놀이는 1978년에 김덕수와 김용배를 비롯한 20대 젊은 예인들에 의해 탄생하였습니다. 공간사랑 소극장의 '제1회 공간 전통음악의 밤'을 통해 세상에 처음 소개된 사물놀이

범종   법고

목어   운판

는 판굿에서 선율악기와 연희적 요소를 덜고 앉은반(앉아서 연주하는
형태)으로 구성하여 무대에서 연주할 수 있도록 만든 것입니다.

　이는 작곡가에 의해 창작된 것이 아니라 민속악적 요소를 그대로
이어받은 것으로 '창작국악'이라기보다는 창작 혹은 변이된 전통이
라 할 수 있습니다.

공간사랑 소극장에서 개최된
최초의 사물놀이 공연 모습

사물놀이는 단기간에 대중의 폭발적인 지지를 얻으며 국악의 대
표 장르로 자리 잡았습니다. 1980년부터 공연 무대를 다양하게 넓
혀갔고, 1982년부터는 해외 활동을 시작하였는데, 이후 여러 사물놀
이 그룹이 해외 활동을 시작하면서 외국인들도 사물놀이에 매료되
었죠. 해외에 거주하는 한인 집단에서도 사물놀이가 크게 유행하며,

한국인으로서의 정체성을 각인시키고 애국심을 표현하는 매개가 되었습니다. 사물놀이의 세계화는 미국, 일본 등 주요 국가에서 활발하게 진행되었습니다.

특히 일본에서는 사물놀이가 재일교포뿐만 아니라 일본인들에게까지 열광적인 반응을 일으켰습니다. 사물놀이를 통해 재일교포들은 한국인으로서의 정체성을 재구성하며, 일본 내 한인 집단의 경계(남한계와 북한계)를 허무는 문화적 매개가 되었습니다. 예를 들어, 재일교포 3세인 민영치는 일본 오사카에서 중학생 시절 김덕수 사물놀이패의 공연에 매료되어 한국에서 국악을 전공한 후 세계적으로 활동하는 사물놀이 연주자가 되었지요.

사물놀이를 구성하는 꽹과리, 장구, 북, 징의 네 가지 악기는 각기 별, 인간, 달, 해를 상징하고 그 소리는 번개, 비, 구름, 바람 소리에 비유됩니다. 사물놀이에서 연주하는 장단은 풍물놀이의 장단에 굿 장단을 혼합하여 재구성한 형태입니다. 이는 풍물놀이보다 전문적이고 구성진 연주를 가능하게 합니다. 또한 사물놀이에서는 "하늘 보고 별을 따고 땅을 보고 농사 짓고, 올해도 대풍이요 내년에도 풍년일세, 달아 달아 밝은 달아 대낮같이 밝은 달아, 어둠 속의 불빛이 우리네를 비춰주네"라고 하는 축원덕담을 부르기도 합니다. 아마 사물놀이를 직접 연주해봤거나 들어본 경험이 있다면 한 번쯤은 접해보았을 것입니다. 따라 하면 매우 재미있습니다.

사물놀이는 음악적으로도 매우 신기한 장르입니다. 보통 음악이

성립되기 위해서는 음악의 3요소인 리듬, 가락, 화성이 모두 갖추어져야 한다고 생각하는데요. 사물놀이는 이 중 리듬이라는 한 가지 요소만으로 하나의 장르를 완벽하게 구성했다는 점에서 세계적인 주목을 받았습니다.

사물놀이에는 선율악기도 화음도 없이 오로지 장단만 있지만, 그 한 가지 요소만으로 음악이 만들어지니 아무리 생각해봐도 참 놀랍습니다. 이렇게 전통적인 요소로부터 새로움을 창출해낸 사물놀이는 매우 혁신적인 음악 형태로 평가받고 있습니다.

사물놀이는 전통과 현대를 아우르며, 한국 문화의 독특한 매력을 세계에 알리는 중요한 문화적 자산으로 자리매김하였습니다. 오늘날 사물놀이는 매우 다양한 형태로 연주되고 있는데요. 무용 반주, 국악 관현악과의 협연, 서양 오케스트라와의 협연, 크로스오버 국악 등 다양한 방식으로 변모하였습니다. 해외 한인 집단에서는 결속의 상징이자, 음악을 통해 본국과의 연계를 확보하고 정체성을 찾는 데 기여하고 있습니다.

이는 사물놀이가 단순한 국악을 넘어, 새로운 형태의 문화적 상징이자 집단의 정체성을 구현하는 역할을 하고 있다는 의미입니다. 앞으로도 사물놀이가 국내외에서 우리나라 문화를 대표하는 장르로서 계속 발전해나가기를 기대합니다.

귀신을 부르는
〈종묘제례악〉

〈종묘제례악〉은 조선시대 역대 왕과 왕비의 제사에 수반되는 음악, 노래, 무용 일체를 의미합니다. 우리나라 최초의 국가무형유산이자 최초로 유네스코 인류무형문화유산으로 등재되어 세계적 주목을 받는 유구한 역사와 의의를 지닌 음악입니다. 하지만 살짝 관점을 바꿔 보면 이 음악은 분명 귀신을 부르는 음악임이 분명하지요.

처음 들었던 〈종묘제례악〉은 정말 귀신이 나올 것만 같았습니다. '신을 맞이한다'는 의미를 가진 종묘제례의 첫 절차 '영신迎神'에서는 〈보태평〉 중 〈희문熙文〉이라는 곡을 9회 반복하여 연주합니다. 우리 조상들은 사람을 대상으로 하는 제사에서 같은 음악을 9회 반복하면 혼령이 찾아온다 여겼습니다. 요즘은 절차의 간소화로 9회까지 반복하여 연주하지 않지만, 아무튼 음악을 듣고 있으면 기분 탓인지 진짜인지는 모르겠으나, 음악의 시작과 끝에서 느껴지는 절도, 장식음이 화려한 노래, 조금은 음산하면서도 장엄한 편종과 편경의 선율이 복합적으로 분위기를 자아내어 귀신들이 즐거운 마음으로 방문하는 듯한 느낌이 듭니다. 조상들께 죄송한 발언이지만 조선시대 왕들과 왕비들도 귀신이기는 하니까요.

그러다가 20대 후반에 〈종묘제례악〉을 직접 배울 기회가 생겼고, 4년간의 전수 과정을 무사히 마쳐 이수자가 되었습니다. 전수 과정을 거치면서 타자他者의 시선으로 〈종묘제례악〉을 접할 때와는 다른 새로운 묘미를 하나씩 체득하게 되었습니다. 예를 들면, 등가 악대와 헌가 악대가 서로 엇갈리게 배치하는 악기 편성, 음악의 시작과 끝에서 박, 축, 어, 진고, 절고가 만들어내는 특이한 리듬 그리고 편종, 편경, 방향의 선율을 외워서 각퇴라는 채로 칠 때의 스릴, 노래 선율과 관악기 선율과 타악기 선율의 공통적인 특징과 차별적인 특징, 〈보태평〉과 〈정대업〉의 의미와 음악적 차이, 음악이 조화롭게 자아내는 웅장함 등 흥미로운 요소가 정말 많았습니다.

음악은 여전히 귀신을 부르며 그 소임을 다하고 있지만, 관점의 차이가 음악을 달리 해석하게 한다는 것을 깨달은 경험이었습니다.

그러면 〈종묘제례악〉 연주 모습을 살펴보고, 음악에 대해 더 자세하게 설명하겠습니다.

● 〈종묘제례악〉

〈종묘제례악〉은 조선시대 궁중음악 중에서도 으뜸으로 여겨집니다. 아무래도 왕과 왕비에 대한 제사음악이니 그렇겠지요. 〈종묘제례악〉은 종묘제례를 행할 때 연주되는데, 종묘제례는 매년 2회, 자세히는 5월 첫째 주 일요일과 11월 첫째 주 토요일에 개최됩니다. 장내 아나운서가 친절하게 설명까지 해주니 꼭 방문해서 관람해보기를 권합니다. 요즘은 그 외 다양한 공개행사를 통해 관객과 적극적으로 소통하고 있으니 참고하시길 바랍니다.

〈종묘제례악〉의 기원은 조선 태조로 거슬러 올라갑니다. 태조는 조선 건국 후 종묘를 세우고, 그곳에서 제사를 지내기 위해 중국의 아악을 〈종묘제례악〉으로 삼았습니다. 이후 세조가 이 음악을 향악(우리나라 고유의 음악)인 〈보태평〉과 〈정대업〉으로 바꾸고, 그 방식이 현재까지 이어집니다. 〈보태평〉과 〈정대업〉은 세종대왕께서 만든 음악입니다. 〈보태평〉은 선왕이 이룬 학문의 덕을, 〈정대업〉은 선왕이 이룬 군사상 공적을 찬양하는 내용입니다. 두 곡은 조선 왕조의 위업을 기리고 조선 건국의 정당성을 확보하기 위해 만들어졌는데, 이를 그의 아들 세조가 〈종묘제례악〉으로 채택한 것입니다.

사실 세종대왕도 〈보태평〉과 〈정대업〉을 〈종묘제례악〉으로 쓰기 위해 작곡했다고 합니다. 세종대왕은 조선의 백성이 살아서는 우리 음악인 향악을 듣고, 죽어서는 중국의 음악인 아악을 듣게 되는 제도에 의구심을 품었다고 합니다. 이에 대한 기록은 『세종실록』 권49에 다음과 같이 나옵니다.

雅樂, 本非我國之聲, 實中國之音也。 中國之人平日聞之熟矣, 奏
之祭祀宜矣, 我國之人, 則生而聞鄕樂, 歿而奏雅樂, 何如?

해석하면 이렇습니다. "아악은 본래 우리나라의 성음이 아니고 실
은 중국의 성음이다. 중국 사람들은 평소에 익숙하게 들었을 것이므
로 제사에 연주하여도 마땅할 것인데, 우리나라 사람들은 살아서는
향악을 듣고 죽은 뒤에는 아악을 연주한다는 것이 과연 어떠한가?"
이를 해결하고자 새로운 음악을 만들었지만 신하들의 반대에 부딪혀
제사음악을 향악으로 바꾸는 데 실패하였습니다. 아무래도 유교 사
상이 짙은 신하들의 생각으로는 도무지 이해할 수 없었나 봅니다. 그
런데 이러한 세종대왕의 고뇌를 보고 자라온 세조가 아버지의 뜻을
이어 이를 실현한 것이지요. 두 왕이 아니었다면 우리는 지금도 아악
을 연주하며 종묘제례를 지내지 않았을까요?

〈종묘제례악〉은 다양한 국악기로 연주됩니다. 주요 악기로는 편
종, 편경, 방향, 금, 슬, 약, 적, 소, 운라, 훈, 지, 생, 장구, 축, 어, 박, 진고
등이 있습니다(챕터 7 참고). 악기들이 각기 독특한 음색과 역할을 가
지며, 〈종묘제례악〉의 풍부한 음향을 만들어냅니다.

이 악기들은 음양의 조화에 기초하여 등가와 헌가에 배치됩니다.
등가는 궁중의 월대(기단) 위에 편성되는 악대이고, 헌가는 월대 아래
에 넓게 편성되는 악대인데, 두 악대가 제사 절차에 따라 번갈아 연
주합니다. 그렇게 악기를 연주하면 '도창'이 이에 맞추어 〈보태평〉, 〈정

등가(건물의 월대 위)에서 연주하는 〈종묘제례악〉의 모습.
등가 뒤로는 일무도 보인다.

대업〉 등을 노래합니다.

〈종묘제례악〉에는 반드시 무용도 있습니다. 이를 '일무'라고 합니다. '줄을 지어서 추는 춤'이라는 뜻으로, 제사에 쓰이는 무용을 의미하죠. 총 64명 무원이 8오와 8열로 서서 춥니다. 무원들은 문무를 출때 왼손에 악기인 약을 들고 오른손에 꿩 깃털인 적을 들고, 무무를 출 때는 앞의 4열은 검을 뒤의 4열은 창을 들고 춥니다. 일무가 〈종묘제례악〉을 더욱 웅장하게 느끼도록 합니다.

오늘날 〈종묘제례악〉은 다양한 방식으로 보존되고 있습니다. 종묘제례악보존회에서는 〈종묘제례악〉 연주, 이수자 양성, 복원, 대중화를 위해 많은 노력을 기울이고 있습니다. 국립국악원에서도 〈종묘제례악〉을 지속적으로 연구하고 기획공연을 올리는 등 전승 및 대중화

〈종묘제례악〉 일무

를 위해 최선을 다하고 있습니다. 이러한 노력 덕분에 〈종묘제례악〉은 오늘날에도 그 고유성을 유지하며 지속적으로 전승되고 있습니다.

현대의 음악가들은 〈종묘제례악〉을 새로운 방식으로 해석하고 창작하는 시도를 하기도 합니다. 국악기와 서양악기를 결합한 크로스오버 음악, 〈종묘제례악〉의 선율을 현대적으로 편곡한 작품 등이 그 예입니다. 이는 〈종묘제례악〉의 전통을 유지하면서도, 현대의 음악적 감각에 맞게 재해석하는 것으로 〈종묘제례악〉이 동시대성을 확보하여 지속적으로 감동과 영감을 줄 수 있게 해줍니다.

〈종묘제례악〉은 우리나라의 자랑스러운 문화유산입니다. 이를 위해 〈종묘제례악〉의 고유성을 오롯이 보존하면서도 현대화된 다양한 콘텐츠와 아이디어를 개발하여 대중의 음악적 인지도를 높이고 긍정적 인식을 함양해야 할 것입니다. 제가 도입부에서 〈종묘제례악〉을 귀신을 부르는 음악이라 칭하며 스토리텔링을 유도한 것처럼 말이지요.

아직 그 유명세에 비해 음악적 인지도가 부족한 〈종묘제례악〉이지만, 앞으로 다양한 형태로 대중 앞에 선보인다면 향후 공연 사업으로서도 그 전망이 긍정적이리라 생각합니다. 〈종묘제례악〉이 갖는 상징성을 생각하면서 어떤 방식으로 이 문화유산을 계승해야 할지 진중하게 고민해볼 필요가 있습니다.

국악계의 〈바이엘〉,
〈도드리〉

　어린 시절에 피아노를 배운 경험이 있다면 〈바이엘〉을 접했을 것입니다. 독일의 음악가 페르디난트 바이어가 엮은 피아노 교본 『바이엘』은 오늘날 피아노 초보자라면 반드시 겪는 과정이 되었습니다. 물론 바이엘에서 중도하차하는 일도 많습니다. 그런데 국악에도 〈바이엘〉과 같은 곡이 있습니다.

　'수연장지곡'이라는 멋진 다른 이름을 가진 〈도드리〉라는 곡은 국악기를 처음 잡는 사람이라면 반드시 거치는 레퍼토리입니다. 생애 첫 정악으로 남녀노소 할 것 없이 이 곡부터 배우기 시작하니, 단연 국악계의 '바이엘'이라 할 수 있습니다. 조선시대 풍류방에서는 이 〈바이엘〉과 같은 곡을 열심히 연주하고자 삼삼오오 모여 취미 활동을 즐겼을 텐데, 곡의 제목을 보면 이 곡이 계속 반복되는 구조의 음악임을 쉽게 알 수 있습니다.

　〈도드리〉는 '돈다'는 의미입니다. 총 7장으로 구성되었고, 연주를 하다 보면 같거나 비슷한 선율이 계속 나오므로 연주자에게 안정감을 주기도 하지만, 긴장을 풀면 길을 잃어 어느 부분을 연주하고 있는지 헷갈릴 수 있습니다. 저는 이 곡을 국악기로 처음 배웠던 중학교 1학년 때 훈련을 위해 7회씩 반복 연주했습니다. 어찌나 돌고 돌았는지 정신도 함께 돌고 돌았던 기억이 납니다.

▶ 〈도드리〉

〈도드리〉는 18세기 초 풍류방에서 발생하여, 민간과 궁중에서 널리 연주되던 곡입니다. 양반 및 중인이 수련과 취미를 목적으로 즐겨 연주되었으며, 궁중에서는 잔치에서 주로 연주되었습니다. 앞서 언급했지만 이 곡의 명칭은 '돌다'에서 유래했고, 이름처럼 반복되는 선율이 특징입니다. 다른 이름인 '수연장지곡'은 '수명이 길어진다'는 뜻으로, 이 곡을 연주하면서 긴 생명을 기원하는 의미도 담겼습니다.

따라서 이 곡은 국악 전공자의 첫 관문으로서 널리 연주되는 '입문으로서의 악곡'이자, 끊임없는 수련과 기량의 연마를 위해 연주하는 '수양으로서의 악곡'이라는 양면성을 가지고 있습니다. 다시 말해, 음악이 갖는 보편성과 특수성이 모두 뛰어나며, 쉬우면서도 쉽지 않고 까다로우면서도 까다롭지 않은 특별한 음악인 셈이지요. 곡의 다른 이름인 '수연장壽延長'의 말풀이처럼, 이 곡을 계속 연주하다 보면 반복되는 뫼비우스의 띠에 수명이 연장되어 불로不老의 기운까지 느껴지는 착각이 들기도 합니다.

오늘날 〈도드리〉는 주로 가야금, 거문고, 대금, 피리, 해금, 아쟁, 장구 등의 대규모 관현합주로 연주됩니다. 또한 몇 가지 악기만 간단히 편성하거나 독주 형태로 연주하기도 합니다. 아무래도 궁중과 풍류방에서 모두 연주했던 음악이라서 악기 편성이 유동적인 것 같습니다. 〈도드리〉의 선율을 들어보면 단순하고 반복적이면서도 깊이가 느껴집니다.

〈도드리〉는 국악 교육에서 중요한 위치를 차지합니다. 국악기를

대규모로 연주되는
〈도드리〉 합주

처음 접하는 학생은 이 곡을 통해 악기의 기본 운지법과 연주법을 익힙니다. 또한 〈도드리〉의 반복되는 선율은 초보자에게 친숙하게 다가갈 수 있으며, 연습을 통해 자연스럽게 음악적 감각을 키울 수 있게 합니다. 〈도드리〉를 연주하며 느끼는 성취감은 국악에 대한 흥미와 애정을 키우는 데 큰 역할을 하기도 합니다. 저 또한 그랬습니다. 이런 점에서 〈도드리〉는 국악계의 〈바이엘〉로 불릴 만합니다.

〈도드리〉는 단순한 반복 선율 속에 깊은 음악적 의미와 전통을 담고 있습니다. 최근에는 〈도드리〉의 구조를 위상수학으로 분석하는 시도가 있었는데요. 이렇게 현대에 이르러 다양한 해석과 시도를 통해 새로운 모습으로 재탄생하고 있는 〈도드리〉는 국악의 지속적인 발전과 보급에 중요한 기여를 하고 있습니다.

부처핸섬, 범패의 힙함

　최근 '부처핸섬'이라는 말이 유행했죠. 개그맨 윤성호씨가 '뉴진스님'이라는 법명으로 등장해 대중의 큰 호응을 얻었습니다. 이는 단순한 유행을 넘어 한국 전통 불교문화와 현대 대중문화가 결합한 흥미로운 현상 중 하나가 아닐까 합니다.

　제가 2년 전 서울 신촌에 위치한 봉원사에 갔을 때의 일입니다. 봉원사에서는 매년 현충일마다 '영산재'라는 큰 규모의 불교 제사 의식을 거행합니다. 영산재는 국가무형유산이자 유네스코 인류무형문화유산으로 지정된 중요한 문화유산이지요. 이 영산재의 예능보유자(인간문화재)인 구해스님은 여든이 넘은 연세에도 관객들과의 소통을 매우 중요시하며, 즉흥적이면서도 재치 있는 개사를 통해 불교 의식을 더욱 생동감 있게 전달하였습니다.

　여담이지만 스님이 신고 있던 나이키 신발이 너무나도 인상적이었습니다. 꼭 나이키 신발 때문만이 아니라 그 공연에서 저는 불교음악인 범패의 힘함을 강하게 느꼈습니다. 어쩌면 뉴진스님이 표방하는 불교의 힘함은 본래 불교음악인 범패가 갖는 힘함에서 자연스럽게 전이된 것이 아닐까 하는 생각이 듭니다.

범패는 절에서 재齋를 올릴 때 부르는 불교 의식 음악으로, 인도 소리, 어산, 범음이라고도 합니다. 불교에서는 제사를 '재'라고 하니 참고하세요. 아무튼 범패는 일정한 장단과 화성이 없는 단선율로 이루어져 있으며, 범패를 전문으로 부르는 스님인 '범패승'이 독창이나 합창으로 부르는 전문적인 노래입니다. 범패의 소리는 마치 깊은 산속의 계곡에서 은은히 들려오는 범종 소리처럼 소박하면서도 속되지 않고 의젓하며, 무엇보다 소리가 자연스럽고 그윽한 맛을 낸다는 평가를 받습니다.

범패는 인도에서 유래했습니다. 아마도 불교의 유입과 함께 자연스럽게 한반도로 건너왔을 것으로 추정하고 있습니다. 그런데 이 범패가 우리나라에서 크게 유행한 것은 신라시대 때 진감선사라는 스님에 의해서입니다. 진감선사는 당나라에 건너가 중국의 범패를 배운 후, 830년 지금의 쌍계사(경남 하동 소재)에서 수많은 제자에게 이를 가르쳤습니다.

맨 처음 진감선사가 배워 가르친 범패는 당나라풍이었는데, 세월이 흐르면서 당악이 향악화한 것처럼 이 범패도 우리나라 문화에 맞게 변화되어 정착했습니다. 이후 범패는 고려시대까지 성행하다가 조선시대 국가 정책인 숭유억불정책으로 수난을 겪습니다. 일제강점기

범패 연행 모습

에는 조선 승려의 범패와 작법(불교 무용)이 금지되기까지 하여 현재
는 명맥만 이어져오는 상황이 되었습니다. 그럼에도 오늘날의 범패는
열심히 그 전통을 지키면서도 새로운 변화를 시도하며 대중과의 소
통을 적극적으로 이어가고 있습니다.

범패 현장을 가보면 볼거리가 정말 많습니다. 웅장함과 화려함에
압도당한다고 해야 할까요? 오방색의 화려한 색채로 사찰 전체를 꾸
미고, 대형 탱화를 걸어놓고 그 아래 제사상을 만들어놓지요. 그리고
수많은 스님이 일사불란하게 재를 행하면서 범패를 연주하는 모습
을 보면 종교를 떠나 경외감이 느껴집니다.

범패에서 가장 볼거리는 아무래도 작법이 아닐까 합니다. 작법은 범패를 반주로 하는 불교 무용인데, 넓은 사찰의 마당 전체를 무대 삼아 행해집니다. 그 종류에는 나비춤, 바라춤, 법고춤이 있는데요. 나비춤은 큰 고깔을 쓰고 나비처럼 긴 소매가 달린 장삼을 입고 추는 춤으로, 그 모양이 나비가 훨훨 나는 모양과 유사합니다. 바라춤은 '자바라'를 들고 추는 춤이고, 법고춤은 불교에서 사용하는 큰 북인 '법고'를 치면서 추는 춤입니다. 이 중 나비춤이 가장 보편적인데, 규모에 따라서 이 세 가지 작법을 동시에 보여주기도 합니다.

범패의 종류에는 안채비소리, 홋소리, 짓소리, 화청, 〈회심곡〉이 있습니다. 안채비소리는 범패승이 부르는 것이 아니라 사찰에 있는 스님이라면 누구나 부를 수 있는 첫 단계의 범패이지요. 홋소리와 짓소

나비춤(무대 위)과
바라춤(무대 아래)

리는 합하여 겉채비소리라고도 하는데, 이 겉채비소리가 바로 범패 승들이 부르는 범패입니다. 홋소리를 먼저 배우고 난 후에 짓소리를 배우는데요. 쉽게 말해서 안채비소리가 레벨 1이라면 홋소리는 레벨 2, 짓소리는 레벨 3이 되는 셈입니다.

화청과 〈회심곡〉은 불교를 전도하기 위한 수단으로 부르는 우리 말 가사의 범패입니다. 사실 범패는 한글 가사가 아니라서 대중이 알 아듣기 어렵습니다. 그러다 보니 대중이 알아들을 수 있는 노랫말이 필요했죠. 화청이 사찰 안에서 범패가 모두 끝난 후 그 자리에 모인 대중에게 불러주는 노래의 종류라면, 〈회심곡〉은 사찰 밖에서 집집 마다 돌면서 불교의 교리를 쉽게 전달하기 위해 부른 곡이라고 보면 됩니다. 〈회심곡〉의 경우 요즘은 민요 전공자들이 많이 부르기도 합 니다. 잠시 〈회심곡〉을 감상해보겠습니다.

○ 〈회심곡〉

범패는 전통적인 형태를 유지하면서도 현대적인 융합을 시도하며 발전하고 있습니다. 특히 젊은 세대의 참여와 관심을 끌기 위해 다양 한 시도를 하고 있는데, 이를 통해 범패는 불교의 의식 음악을 넘어 현대적 감각과 결합된 새로운 형태로 자리 잡고 있습니다.

범패의 소리는 마음을 고요하게 하고, 깊은 사색과 명상을 유도하여 현대인에게도 큰 의미를 줍니다. 빠르게 변화하는 현대사회에서 범패를 감상하고 있노라면 평소 고민하던 일상의 모든 일이 잠시 멈춰지고 겸허하게 자신의 내면을 들여다보는 시간이 찾아옵니다. 여러분도 마음의 여유가 필요할 때, 범패를 선보이는 절을 검색해 찾아가 가만히 음악에 귀 기울여보기를 바랍니다. 또한 그 화려한 작법을 감상하며 깊이와 아름다움 그리고 부처핸섬의 힙함을 느껴보시길 바랍니다.

흐린 기억 속의 가곡

　가곡은 시조를 관현악 반주에 맞춰 부르는 5장 구성의 노래로, 조선 영조 무렵부터 풍류방에서 음악을 즐기던 양반과 중인 사이에서 널리 유행했습니다. 오늘날에는 국가무형유산이자 유네스코 인류무형문화유산으로 등재되어 예술적 가치를 인정받으며 전승되고 있습니다.

　가곡은 여러 곡으로 구성되어 있습니다. 남성 가객이 부르는 가곡은 남창男唱, 여성 가객이 부르는 가곡은 여창女唱이라고 합니다. 남창에는 〈우조 초삭대엽〉, 〈우조 이삭대엽〉, 〈우조 중거〉, 〈우조 평거〉, 〈우조 두거〉, 〈우조 삼삭대엽〉, 〈우조 소용〉, 〈반엽〉, 〈계면 초삭대엽〉, 〈계면 이삭대엽〉, 〈계면 중거〉, 〈계면 평거〉, 〈계면 두거〉, 〈계면 삼삭대엽〉, 〈계면 소용〉, 〈언롱〉, 〈평롱〉, 〈계락〉, 〈우락〉, 〈언락〉, 〈편락〉, 〈편삭대엽〉, 〈언편〉, 〈우롱〉, 〈우편〉, 〈태평가〉가 있지요. 여창에는 〈우조 이삭대엽〉, 〈우조 중거〉, 〈우조 평거〉, 〈우조 두거〉, 〈반엽〉, 〈계면 이삭대엽〉, 〈계면 중거〉, 〈계면 평거〉, 〈계면 두거〉, 〈평롱〉, 〈우락〉, 〈환계락〉, 〈계락〉, 〈편삭대엽〉, 〈태평가〉가 있습니다. 즉 남창은 26곡, 여창은 15곡이라는 방대한 양으로 구성되어 있지요.

방금 소개한 가곡의 악곡 이름에는 음악적 특징이 담겨 있습니다. 예를 들어 '삭대엽'은 가곡의 원형에서 파생된 곡이고, '중'은 중간부터 높게, '평'은 평평하게, '두'는 처음부터 높이, '반엽'은 반우반계, '농'은 흥청거림, '낙'은 담담함, '편'은 빠르게 엮어서, '언'은 두 가지 특징을 섞어서, '우'는 우조로, '계'는 계면조로라는 뜻입니다. 예외적으로 가곡의 마지막 곡인 〈태평가〉는 노래 가사가 '태평성대'로 시작되어 붙은 이름이니 참고하세요.

가곡은 총 5장으로 구성되어 있습니다. 3장과 4장 사이에 간주에 해당하는 중여음이 있고, 전주 또는 후주에 해당하는 대여음이 있지요. 가곡의 노랫말로 가장 유명한 남구만의 시조 〈동창이 밝았느냐〉를 예로 들어 가곡의 구조를 살펴보면, 대여음(악기 연주)으로 음악이 시작하여, 초장에서는 '동창이 밝았느냐'라고 노래를 시작해요. 이어서 2장에서는 '노고지리 우지진다'라고 가사와 함께 반주가 시작되지요. 3장에서는 '소치는 아이는 상기 아니 일었느냐'라고 노래하며, 중여음(악기 연주)이 이어진답니다. 4장에서는 '재너머'라는 세 글자만 노래하다가, 마지막 5장에서는 '사래 긴 밭을 언제 갈려 하느니'라고 노래를 마무리하지요.

가곡은 대개 초장, 중장, 종장의 시조를 이런 구조로 활용하여 노래합니다. 참고로 방금 소개한 노랫말 '동창이'는 남창 가곡의 첫 곡인 〈우조 초삭대엽〉에 쓰입니다.

그런데 방금 설명 중에 신기한 부분이 있습니다. 4장에서는 달랑 세 글자만 가지고 노래를 한다는 점입니다. 가곡 감상의 포인트는 4장, 즉 시조시의 종장 처음 세 글자에 있습니다. 이 부분은 힘 있게 음을 쭉 뻗어서 소리를 내는데, 부르는 사람의 내공을 알 수 있는 부분이지요. 가곡은 가야금, 거문고, 대금, 피리, 해금, 장구 등으로 구성된 관현악 반주를 반드시 갖추고 노래하며, 노래가 끝나도 반주가 완전히 끝날 때까지 음악이 끝나지 않는답니다.

그런데 가곡의 미학이자 미궁이기도 한 아이러니한 요소가 있습니다. 바로 어단성장語短聲長과 모음 분절입니다. 어단성장이란 의미 있는 말은 짧게 붙이고 의미가 없는 모음은 길게 소리를 뻗는다는 뜻입니다. 예를 들어 방금 등장한 '동창이 밝았느냐'를 가곡으로 노래할 때는 '동창'과 '밝았'에 의미가 담겨 있으므로 '동창----이- 밝았--- 느- 냐--'와 같이 표현하죠. 즉 '동창'과 '밝았'은 빠르게 붙여 노래하고, 다른 부분은 길게 소리를 내는 방식입니다.

모음 분절의 경우, 단모음은 그대로 부르는 반면 이중모음은 각 모음을 해체하여 단모음으로 표현하는 방법입니다. 결국 두 요소를 적용하여 만든 가곡을 들어보면, 무슨 말을 하는지 도통 모르겠다는 생각이 들 수 있지요. 음악을 다 듣고 나면 흐린 기억만이 남게 되는 것이지요. 요즘의 음악과 비교해본다면 가사 전달력이 떨어지는 셈이랍니다. 그럼 가곡을 한번 감상해보겠습니다. 남창가곡 〈우조 초삭대엽〉 '동창이'입니다.

▶ 남창가곡 〈우조 초삭대엽〉 '동창이'

그렇다면 왜 일부러 가사 전달을 흐렸을까요? 이는 느림의 미학을 추구한 조선시대 양반의 가치관 때문입니다. 음악은 조선시대 선비가 갖추어야 할 여섯 가지 교양 중 하나였습니다. 마음에 잡념이 생기지 않도록 감정의 표출을 절제하는 중용中庸을 목표로 했답니다.

슬프지만 비통하지 않고, 즐겁지만 음란하지 않은 음악을 추구하다 보니 느림과 여유로움으로 표현한 것이지요. 선조들의 그러한 마음을 조금씩 이해하다 보면 가곡을 감상할 때 마음이 편안해지고 감동을 느끼게 됩니다.

가곡은 시간이 지나면서 점점 빠른 음악으로 변화하기도 했지만, 그 속에서도 느림의 미학과 고유한 아름다움을 잃지 않았습니다. 가곡은 단순히 음악이 아니라, 조선시대 양반 및 중인의 삶과 철학이 담긴 예술작품입니다. 지금도 그 선율을 듣다 보면 당시 사람들의 감성과 철학을 느낄 수 있죠.

시나위는
재즈와 통한다

　민속악 중 유일한 기악 합주곡인 시나위는 전라도 일대의 무속음악의 반주가 독립되어 발달한 음악입니다. 궁중음악처럼 일정한 짜임새가 있지 않고, 연주자가 가락과 각 악기의 기교를 최대한 발휘하여 즉흥적으로 연주하는 것이 특징입니다. 그런데 이는 재즈의 즉흥성과 놀랍도록 닮았습니다.

　시나위와 재즈는 모두 즉흥연주에 뿌리를 두고 있습니다. 시나위에서는 연주자들이 각기 다른 선율을 동시에 연주하는데, 처음에는 불협화음처럼 들릴 수 있습니다. 그러나 이러한 다양한 선율은 전라도 일대 고유의 음악적 특징인 육자배기토리의 음계를 중심으로 조화를 이루며 독특한 화음을 만들어냅니다. 이러한 헤테로포니 heterophony(다성음악의 한 종류로 하나의 선율을 기반으로 여러 악기가 자유롭게 변주를 시도하여 자연스럽게 화음이 만들어지는 형태)는 재즈에서 다양한 악기가 독립적이면서도 조화롭게 즉흥연주를 하는 것과 유사합니다.

시나위는 원래 피리, 대금, 해금, 장구로 편성되었는데, 그 위에 가야금, 거문고, 아쟁 등의 악기가 추가 편성되어 입체적인 음향을 만듭니다. 1940년대부터 시나위에 편성된 것으로 보이는 아쟁은 오늘날 시나위에서 주선율을 연주하는 악기로 자리매김했지요. 시나위에서 절대 빠지지 않는 악기로 징이 있습니다. 징은 특유의 둔탁하면서도 무거운 그리고 신비롭게 울려퍼지는 금속성 음색으로 무속적 분위기를 강화시킵니다. 징 연주자는 악기를 연주하면서 노래를 같이 부르기도 합니다. 시나위에서 노래하는 부분을 '구음시나위'라고 하지요. 이렇듯 시나위에 편성되는 각 악기와 노래는 재즈밴드 구성원과 마찬가지로 각기 중요한 역할을 합니다.

특히 장구는 장단을 연주하며 시나위의 기본 구조를 만들어갑니다. 시나위의 장단은 주로 굿거리와 자진모리를 이어서 구성하는데요. 굿거리보다 자진모리가 빠른 장단이므로, '한 배에 따른 형식'에

시나위 연주

해당합니다. 연주를 시작하면 먼저 장구 연주자가 혼자서 굿거리장단을 한 장단 연주하고, 그다음 장단에서 모든 악기가 똑같은 음을 연주하여 호흡을 맞춘 뒤, 그다음 장단부터 즉흥적인 가락으로 갈라지며 연주를 전개합니다. 시나위를 감상해보겠습니다.

▶ 시나위 연주

전통적인 시나위는 이러한 방식으로 시작하는 즉흥 합주 형태로 연주되었습니다. 그런데 오늘날의 시나위는 연주자들이 미리 호흡을 맞추어 공연의 완성도를 높입니다. 특히 중간마다 각 악기가 차례로 독주하는 방식을 채택하여, 전통적인 시나위의 형태를 유지하면서도 현대적 변화를 수용하고 있습니다. 이는 재즈의 브레이크와 유사하여 연주자가 자신의 최고 기량을 선보이는 기회를 줍니다.

이렇게 공연을 위해 사전에 준비하는 요소들은 시나위의 일체감과 통일성을 보장하면서도, 그 안에서 자유로움이 느껴지는 양면적 미를 표출합니다. 이는 구조화된 작곡과 즉흥연주를 조화롭게 결합하는 현대 재즈의 양상과도 비슷합니다. 그러나 이러한 음악적 변화에도 불구하고, 시나위의 핵심은 여전히 즉흥연주와 연주자 간 상호작용에 있습니다.

시나위와 재즈는 문화적, 역사적 차이에도 불구하고 즉흥연주와 개별적 표현을 중시한다는 점에서 상통합니다. 시나위는 그 자체로 객석을 압도하는 꽉 찬 음악이지만, 현대적 감각과 융합하여 더 많은 사람에게 다가갈 수 있도록 다양한 시도를 하고 있답니다. 특히 재즈와의 공통된 특징을 통해 시나위와 재즈를 결합하면 세계적 보편성과 연결돼 그 확장성이 상상 이상으로 클 것이라 봅니다. 시나위를 매개로 국악의 아름다움과 깊이를 전 세계에 알릴 수 있기를, 그리고 끊임없는 시도를 통해 국악의 가치와 매력을 계속 발견하고 이어나가기를 기대해봅니다.

이 세상 세련미를
뛰어넘은 〈수제천〉

　우리나라의 전통음악 중 국제 콩쿠르에서 우승한 음악이 있다면 믿으시겠어요? 〈수제천壽齊天〉이 그렇습니다.

　〈수제천〉은 1970년에 프랑스 파리에서 개최된 '제1회 유네스코 아시아음악제' 전통음악 분야에서 그랑프리를 받으며, 전 세계 사람들에게 '하늘에서 내려온 음악'이라는 극찬을 받았습니다. 타자의 시선에서 본 〈수제천〉은 우리가 생각했던 것보다 훨씬 대단한 음악이었던 것이죠. 우리에게는 나름 익숙했던 음악이 외국인에게는 아주 새로웠던 것입니다.

　〈수제천〉은 정악의 대표곡 중 하나로 주로 궁중에서 왕세자가 행차할 때나 무용의 반주를 목적으로 연주하던 음악입니다. '하늘처럼 영원한 생명'이라는 의미의 멋진 제목을 가진 이 곡은 백제 가요 〈정읍사〉에 그 기원을 둡니다. 오늘날 존재하는 정악 중 가장 오래된 셈이지요. 지금도 전라북도 정읍시에서는 '수제천보존회'를 중심으로

〈수제천〉과 관련한 다양한 행사가 열리는 등 〈수제천〉의 보존과 계승을 위한 노력이 이어지고 있습니다.

이 곡은 고려의 민간에서 조선의 궁중으로 전이되며 꾸준히 계승되었는데, 조선 후기 순조 무렵에 '수제천'이라는 또 다른 명칭을 얻게 되었고 지금까지 그렇게 부르고 있습니다.

세계가 주목한 음악이지만, 제가 처음으로 좋다고 느꼈던 나이는 조금 부끄럽게도 대학교를 졸업하고 교단을 밟게 되었던 스물여섯 살이었습니다. 어느 날 〈수제천〉과 관련된 수업을 준비하기 위해 가만히 눈을 감고 차분한 상태에서 다시금 들었습니다. 그동안 제가 알고 있던 〈수제천〉과는 다른 곡인 것처럼 감정선을 살며시 파고들었지요. 그때부터 〈수제천〉을 진심으로 좋아하게 되었습니다.

◐ 〈수제천〉 연주

서른네 살, 고등학교 교사 시절에 학교 예술단 학생들을 이끌고 오스트리아 빈의 어느 학교에서 〈수제천〉을 연주했습니다. 관객 중 몇몇은 눈물을 흘리기도 하고 경외하는 표정으로 연주를 바라보기도 했습니다. 그런 이방인들의 낯선 모습을 보면서, 지난 20년간 국악을 전공하면서도 그렇게 느끼지 못한 스스로가 도리어 낯설게 느

껴졌습니다. 역설적으로 무언가로 크게 얻어맞은 듯한 아찔한 순간이었습니다. 덕분에 백제 시대부터 끊임없이 연주되며 선조들의 영靈과 정서가 축적된 〈수제천〉의 위대함을 진중하게 되새기게 되었습니다.

〈수제천〉의 음악적 특징은 매우 독특합니다. 일반적으로 정악은 중간 부분을 생략하는 연주를 하지 않는데, 〈수제천〉은 총 4장 중에서 1장과 2장의 선율이 거의 같아 보통 2장을 생략하고 연주합니다. 그런데 3장까지도 생략하고 1장과 4장만 연주하는 경우가 가장 많아서 특이합니다. 다시 말해 1, 4장만 연주하는 것도, 1, 3, 4장을 연주하는 것도, 전체를 연주하는 것도 모두 가능한 셈이지요.

〈수제천〉 연주

장단도 분명 규칙성이 있는데 불규칙하게 느껴지는 아이러니가 있습니다. 악보를 보면 '준박'이라는 표시가 있는데요. 이 표시가 있으면 정간보에 표시된 대로 연주하지 않고 박자를 당겨서 연주를 하니 장구 점이 규칙적이더라도 장단이 불규칙하게 느껴질 수밖에 없습니다. 또한 주선율 악기인 피리가 쉴 때 대금, 해금, 아쟁 등이 선율을 이어서 연주하는 '연음 형식'을 보이지요. 매우 느린 템포에 화려한 관악기의 장식음과 쭉 뻗어나가는 선율은 마치 우리나라의 유려한 자연 풍경과 조화를 이루듯 느껴지며, 듣는 이로 하여금 평온하면서도 깊은 정서적 울림을 느끼게 합니다.

최근에는 정읍시를 중심으로 〈수제천〉의 현대화 및 브랜드화를 위한 다양한 노력을 기울이고 있습니다. 상설공연장, 전수관, 박물관을 설립하고, 〈수제천〉이 새로운 K-콘텐츠의 산실이 될 수 있도록 노력하고 있습니다. 또한 시민 대상의 국악교육과 공연을 통해 〈수제천〉의 저변을 확대하는 중입니다.

무려 백제로 거슬러 올라가는 가장 오래된 정악, 오랜 기간 서민과 궁중에서 함께 사랑받은 음악, 국제 콩쿠르 우승, 외국인들의 극찬. 가장 전통적인 음악이 가장 세계적일 수 있음을 입증한 〈수제천〉이 앞으로 써나갈 또 다른 역사가 궁금합니다.

선조의 희로애락을
담은 민요

우리 조상들의 삶을 이야기할 때 빠질 수 없는 것이 민요입니다. 민요는 그 시대 사람들의 일상과 감정을 고스란히 담은 노래로, 우리 조상의 희로애락을 가장 생생하게 전달해주는 매개체이지요.

민요는 특정 작곡가 없이 민중 사이에서 자연스럽게 형성되고 전승된 노래를 의미합니다. 구전으로 전해지며, 지역마다 그 특징과 내용이 다릅니다. 대부분 민요는 집단적으로 불렸습니다. 따라서 민요의 노랫말에 나타난 삶의 모습은 민족 전체의 공통된 모습이라 할 수 있습니다. 그 노랫말은 일상과 관련된 내용을 담고 있으며, 각 지역의 문화적 특성을 반영하고 있습니다.

민요는 불리는 지역과 가창자에 따라 향토 민요와 통속 민요로 나뉩니다. 향토 민요는 국한된 지방에서 불리는 민요로, 해당 지역 사람들에 의해 창작되고 향유되기 때문에 비교적 단순하고 소박하며 향토적입니다. 반면 통속 민요는 직업적인 소리꾼에 의해 불리는 민요로, 음악적으로 세련되고 널리 전파되었다는 특징이 있습니다. 라디오에서 듣는 〈우리의 소리를 찾아서〉에서 소개하는 민요는 향토 민요입니다. 향토 민요의 제목에는 〈상주 모심기 소리〉, 〈제주 멜 후리는 소리〉 등 해당 지역의 이름과 가창 목적이 명시되어 있습니다. 반면 통속 민요는 그렇지 않은 경우가 많습니다. 우리가 일반적으로 알고 있는 〈아리랑〉, 〈도라지타령〉, 〈경복궁타령〉, 〈새타령〉, 〈강강술래〉, 〈진도아리랑〉, 〈쾌지나칭칭나네〉, 〈옹헤야〉, 〈밀양아리랑〉, 〈태평가〉는 통속 민요에 해당합니다.

민요는 지역별로 독특한 음계와 발성법을 보입니다. 그 지역별 특징을 '토리'라고 합니다. 대표적인 토리의 특징을 살펴보겠습니다. 먼

통속 민요 공연

저 서울, 경기 지역과 충청도 일부에서 나타나는 '경토리'는 맑고 경쾌하며 음색이 분명하고 음빛깔이 부드럽습니다. 주로 굿거리장단, 세마치장단에 맞춰 노래합니다. 우리가 국악 장단 중 이 두 장단에 가장 익숙한 이유는 어린 시절에 경토리로 된 민요를 가장 많이 배웠기 때문일 것입니다. 대표적인 경토리 곡에는 〈아리랑〉, 〈도라지타령〉, 〈천안삼거리〉, 〈닐리리야〉, 〈한강수타령〉, 〈경복궁타령〉, 〈베틀가〉, 〈박연폭포〉, 〈노랫가락〉 등이 있지요.

전라도 일대의 '육자배기토리'는 극적이고 굵은 목을 눌러 내는 특유의 발성법을 사용합니다. 떠는 목, 평으로 내는 목, 꺾는 목으로 구성되며, 주로 진양조, 중모리, 중중모리, 자진모리 장단을 사용합니다. 대표적인 곡으로는 〈진도아리랑〉, 〈새타령〉, 〈강강술래〉, 〈육자배기〉, 〈자진육자배기〉, 〈농부가〉가 있습니다. 평안도와 황해도 지역의 '수심가토리'는 하늘하늘한 소리와 큰 소리로 부르다가 콧소리를 섞어 잘게 떨어주는 발성이 특징입니다. 대표적인 곡으로는 〈수심가〉, 〈엮음수심가〉, 〈긴난봉가〉, 〈자진난봉가〉, 〈배따라기〉, 〈몽금포타령〉, 〈싸름〉이 있습니다. 함경도, 강원도, 경상도 전역에 걸쳐 있는 '메나리토리'는 상행 시 미-라-도로 도약진행하다가 하행 시 레-도-라-솔-미 순서로 순차진행하는 특징이 있습니다. 경상도는 빠른 장단, 강원도와 함경도는 느린 장단으로 주로 표현합니다. 대표적인 곡으로는 〈강원도아리랑〉, 〈한오백년〉, 〈옹헤야〉, 〈쾌지나칭칭나네〉, 〈밀양아리랑〉, 〈신고산타령〉, 〈정선아리랑〉이 있습니다. 제주토리는 제주도 방언의 특징이 강하게 나타나는데, 대표적인 곡으로는 〈오돌또기〉, 〈이야홍타령〉, 〈이어도사나〉가 있습니다.

◗ **육자배기토리(남도민요)**
　〈강강술래〉, 〈둥당기타령〉, 〈진도아리랑〉

◗ **메나리토리(동부민요)**
　〈쾌지나칭칭나네〉

　민요는 크게 노동요, 의식요, 유희요, 연정요 등으로 나눌 수 있습니다. 노동요는 일하면서 부르는 노래로 민요 중 가장 종류가 많습니다. 우리 조상들은 노동 중에 피로를 잊고 힘을 내기 위해 노래를 불렀습니다. 의식요는 제사나 의식에서 부르는 노래로 공동체의 안녕과 풍요를 기원합니다. 유희요는 놀이하면서 부르는 노래로, 흥을 돋우고 즐거움을 나누기 위해 불렀습니다. 연정요는 사랑의 감정을 담은 노래이지요.

　민요는 우리 조상의 삶과 감정을 여과 없이 담아낸 중요한 문화유산입니다. 각 지역의 문화적 특성을 반영하는 민요는 단순히 노래를 넘어 공동체의 일상, 역사, 정서를 공유하는 소중한 매개체입니다. 이러한 민요로 조상의 희로애락을 생생하게 느낄 수 있으며, 지역과 시대를 초월한 공감대를 형성할 수 있습니다.

신한류, 〈대취타〉

2020년 5월, BTS의 멤버 슈가Agust D 는 그의 두 번째 믹스테이프 'D-2'에서 〈대취타〉라는 곡을 발표했습니다. 태평소 소리와 함께 "명금일하 대취타 하랍신다!"라는 구령이 울려퍼지면서 시작되는 이 노래는 2024년 11월 기준 유튜브 뮤직비디오 조회수 4억 6000만 회를 돌파할 정도로 전 세계의 주목을 받았습니다.

〈대취타〉는 우리나라의 전통 군대 음악으로 왕의 행차 또는 군대의 행군 및 사기 진작을 위해 연주되던 음악입니다. 이 곡에서 '취欧'는 관악기, '타打'는 타악기를 의미합니다. 즉 〈대취타〉는 관악기인 태평소, 나발, 나각, 타악기인 용고, 징, 자바라의 여섯 악기로 연주하는 음악입니다. 취타 앞에 '대大'가 붙은 것은 관현합주 〈취타〉가 만들어진 이후의 일입니다.

슈가는 〈대취타〉를 학창 시절 음악 시간에 배웠다고 합니다. 그 경험을 바탕으로 곡을 만들었다는 인터뷰를 한 적이 있는데, 공교육

의 중요성을 다시금 느끼는 인상적인 발언이었습니다. 아무튼 이 인
터뷰는 그가 국악에 대한 이해와 애정을 가지고 있음을 보여주는 대
목입니다.

〈대취타〉는 국악 중에서도 대중에게 비교적 잘 알려진 곡이었으
나, 슈가가 〈대취타〉를 발표한 이후 국악의 세계화를 이끄는 중요한

조선통신사 수행악대 속의
〈대취타〉 연주

곡으로 평가받고 있습니다. 국립국악원과 국악방송에서 제작한 〈대취타〉 영상도 국내외 팬들에 의해 수십만 회 이상 조회되며 인기를 끌고 있습니다.

〈대취타〉는 조선시대부터 전해져 내려옵니다. 조선 중기, 조선통신사의 수행악대 모습을 그린 기록을 보면 오늘날 〈대취타〉에 편성된 악기를 연주하는 모습이 자세히 묘사되어 있습니다.

조선 후기에는 '황철릭'이라는 노란 한복을 입고 연주하는 형태로 정착되었는데, 이 모습이 오늘날까지 이어지고 있습니다.

〈대취타〉는 '등채'라는 굵은 지휘봉을 든 집사의 구령으로 시작합니다. 슈가의 〈대취타〉에서도 등장한 "명금일하 대취타 하랍신다!"가 바로 그 구령이죠. '징을 한 번 울려 대취타를 시작하라'는 의미입니

오늘날의 〈대취타〉 연주

다. 구령이 끝나면 연주자 모두가 '예이'라고 대답한 뒤, 징 연주자가 징을 한 번 울리면서 연주를 시작합니다. 집사는 혼자 검은색 옷을 입고 있어 구분이 쉽습니다.

연주가 시작되면 태평소는 선율을, 다른 악기들은 장단을 연주합니다. 나발과 나각은 관악기이지만 여러 음을 낼 수 없어 타악기들과 마찬가지로 장단의 타점에 맞춰 소리를 냅니다. 특징적인 것은 나발과 나각은 동시에 연주하지 않고 장단마다 번갈아 연주한다는 점입니다. 음악이 끝나면 집사는 등채를 다시 들고 '허라금'이라는 구령을 외칩니다. '요란한 소리를 그쳐라'는 의미입니다. 그러면 다 같이 음악을 멈춥니다.

● 〈대취타〉

〈대취타〉는 여러 국제군악축제에서도 큰 주목을 받았습니다. 〈대취타〉를 연주한 대한민국 전통악대는 다양한 나라의 군악대 음악들과 함께 연주되었으며, 그 웅장한 소리와 독특한 장단으로 관객을 매료시켰습니다. 전통악대 대원들은 서양 군악대에서는 찾아볼 수 없는 매우 화려한 퍼포먼스와 독창적인 음악, 즉 〈대취타〉로 세계인의 마음을 사로잡았습니다.

수백 년 전부터 행해왔던 우리나라의 전통 군대 음악 〈대취타〉는 이렇게 다양한 방식으로 전 세계의 주목을 받고 있습니다. 슈가의 〈대취타〉는 기존 〈대취타〉를 샘플링하여 현대적인 힙합 비트와 결합하여 큰 인기를 끌었고, 그로 인해 원형의 〈대취타〉까지 주목받게 되었습니다. 또한 전통악대가 연주한 〈대취타〉는 여러 국제군악축제를 통해 큰 화제가 되었습니다. 〈대취타〉는 이제 단순한 전통 군악을 넘어, 신한류의 중요한 요소로 자리매김하고 있습니다.

화합에는
풍물놀이가 최고

　혹시 풍물놀이 현장을 접해본 적 있나요? 한국 민속촌을 방문하거나 각 지역 전통 축제에 가면 풍물놀이를 어렵지 않게 볼 수 있습니다. 풍물놀이는 단순히 음악을 연주하는 것을 넘어 마을의 공동체 정신을 다지고 모두가 함께 어울려 즐기는 중요한 의식이기도 하지요. 풍물놀이 중에서 농사의 기능이 강조된 '농악'은 국가무형유산이자 유네스코 인류무형문화유산으로도 등재되어 계승되고 있습니다.

　풍물놀이는 전통 사회에서 백성들이 일의 피로를 풀고, 마을의 안녕과 풍년을 기원하며 즐기던 전통 놀이입니다. 음악, 무용, 연희가 모두 어우러진 종합예술 형태의 풍물놀이는 그 기원이 삼국시대까지 거슬러 올라갑니다. 본격적으로 발전한 때는 고려시대 후로 추정하고 있습니다. 당시 백성은 농사, 어업 등 힘든 일을 마친 후 저녁이나 명절, 큰 행사 때마다 모여서 풍물놀이를 즐겼습니다. 이를 통해 공동체의 유대감을 강화하고, 협력의 중요성을 깨닫게 되었지요.

풍물놀이를 구성하는 풍물패는 음악을 담당하는 앞치배와 무용 및 연희를 담당하는 뒤치배로 구분됩니다. 앞치배는 꽹과리, 장구, 북, 징 같은 타악기에 선율 악기인 태평소가 어우러집니다. 전반적인 진행은 '상쇠'라는 꽹과리 제1주자가 이끕니다. 이 악기들은 각 소리가 조화를 이루며 풍물놀이의 전체 흥을 높여주지요.

뒤치배는 소고와 잡색으로 구성됩니다. 소고는 악기이지만 무용의 기능이 강하기에 앞치배가 아닌 뒤치배로 편성됩니다. 소고를 연주하는 소고수들은 소고를 치면서 화려하게 상모를 돌리는데, 풍물놀이의 볼거리 중 하나랍니다. 잡색은 한자로 '雜色', 해석하면 '다양하게 섞였다'는 의미인데요. 이들은 풍물놀이에서 연희를 담당하는 역할로, 풍물판을 신나게 돌아다니며 분위기를 띄웁니다.

잡색의 종류에는 양반광대, 할미광대, 무동, 각시, 대포수, 조리중(스님), 창부 등 매우 다양합니다. 각기 부여된 역할의 옷과 소품으로 가장하고 배역에 맞는 춤과 연기를 보여 풍물놀이에 극적 성격을 부여하죠. 잡색은 남녀노소, 초보자 누구나 쉽게 참여할 수 있습니다.

이렇게 풍물놀이는 들을 거리도, 볼거리도, 즐길 거리도 많은 종합예술이며, 예술적 영역을 넘어 마을 공동체에서 다양한 역할을 했습니다. 먼저, 마을의 결속력 강화입니다. 풍물놀이의 연행은 마을 사람들을 하나로 모으는 중요한 행사였습니다. 함께 연습하는 과정을 통해 마을 구성원들이 서로를 이해하고 돕는 마음을 키웠지요. 둘째, 축제와 행사입니다. 풍물놀이는 농사를 비롯한 노동의 시작과 끝을 알리는 중요한 행사에서 빠질 수 없는 요소였습니다. 풍물놀이로 풍농 또는 풍어를 기원하고, 잘되었을 때는 하늘에 감사하는 마음을 풍물놀이로 표현했지요. 셋째, 종교의식 행사입니다. 마을의 평안과 번영을 기원하는 제사나 굿에서도 풍물놀이는 절대 빠지지 않았습니다. 넷째, 교육적 역할입니다. 풍물놀이는 젊은 세대에게 전통과 공동체의 중요성을 교육하는 매개로 사용되었지요. 이를 통해 전통문화를 자연스럽게 익히고, 존중하는 마음을 배웠습니다.

예전보다는 분명 덜하겠지만, 오늘날에도 풍물놀이는 여전히 중요한 문화유산으로서 마을 공동체의 삶 속에 자리 잡고 있습니다. 오늘날 풍물놀이는 전통을 지키는 동시에 새로운 형태로 발전하고

무대화한 풍물놀이 연행 모습

있습니다. 학교, 마을, 공연, 축제, 다양한 문화행사에서 풍물놀이를 비교적 쉽게 접할 수 있습니다. 이는 전통문화의 계승과 발전에 큰 기여를 합니다.

특히 여러 학교에서 운영하는 풍물놀이 동아리를 통해 학생들은 전통문화를 배우고 공동체 의식을 함양할 수 있습니다. 또한 마을 단위에서는 여전히 전통적인 풍물놀이를 지향하고 있는데, 대표적으로 진주, 평택, 익산, 강릉, 임실, 구례, 김천, 남원 지역의 풍물놀이가 유명하여 관련 축제도 다양하게 열리고 있습니다.

인터넷에서 '농악 강습' 또는 '풍물 강습'으로 검색하면 전국 각지에서 무료 또는 저렴한 비용으로 풍물놀이를 배울 기회를 찾을 수 있습니다. 풍물놀이를 배우고, 공연을 준비해보면 신명 난 열정을 느낄 수 있습니다. 선조들이 느꼈던 그 기분 그대로 말이지요.

잡가는 19세기의 K-POP

'잡가雜歌'는 19세기 중엽부터 서민을 중심으로 유행했던 노래로, 양반과 중인이 풍류방에서 즐겨 불렀던 '정가正歌'의 반대말입니다. 음악 장르에 '잡'이라는 용어를 쓰다니 너무하다 싶기도 한데요. 아무튼 지배계층 입장에서는 자신들이 즐기는 음악에 '정正'을 써서 바르다 하면서, 하층민이 즐기는 음악은 폄하했던 것 같기도 합니다. 그런데 다른 시각에서 보면, 그동안 유행했던 정가의 대항마가 등장한 셈입니다. 잡가는 대체 어떤 음악일까요?

쉽게 말해 19세기판 K-POP이라 할 수 있습니다. 당시에 갑작스럽게 부상한 핫한 문화였지요. 잡가가 처음 발생한 지역은 오늘날의 서울시 용산구 청파동 일대로, 지금의 숙명여자대학교가 위치한 곳입니다. 당시에는 그 지역을 사계축이라고 불렀기에 초창기의 잡가를 '사계축 소리'라고도 했습니다. 조선시대에 사계축은 서울, 즉 한양이 아니었습니다. 한양 사대문 성곽 밖에 위치한 곳이었죠. 그런 이유로 전국 팔도에서 수많은 사람이 모여들었고, 자연스럽게 새로운 문화가 형성되었습니다.

초창기에 생겨난 잡가를 '경기 12잡가'라고 합니다. 당시에 만들어진 곡 12개를 모아 그렇게 부르고 있는데, 이 중 상당수는 판소리에서 영향을 많이 받았습니다. 판소리는 전라도 일대에서부터 유행하기 시작한 장르인데, 팔도의 사람들이 자연스럽게 이 지역으로 모이다 보니 아무래도 대중에게 즐거운 자극이 될 만한 판소리 사설이 새로운 음악의 소재로 활용된 것 같습니다. 〈집장가〉, 〈형장가〉, 〈십장가〉, 〈소춘향가〉, 〈방물가〉, 〈출인가〉는 〈춘향가〉의 여러 대목에서 비롯되었는데, 특히 '장杖'이라는 글자가 붙은 곡명은 춘향이 옥에 갇혀 매질을 당한 자극적인 내용입니다.

〈제비가〉는 〈춘향가〉와 〈흥보가〉가 섞였고, 〈적벽가〉는 판소리 〈적벽가〉에서 비롯된 것입니다. 참고로 12잡가의 으뜸이라 하여 고등학교 문학 시간에도 소개되는 〈유산가〉는 판소리와 관련이 없습니다. 아무튼 새롭게 등장한 이 잡가는 대중에게 많은 사랑을 받았습니다. 이 중에서 〈유산가〉와 〈집장가〉를 감상해보겠습니다.

▶ 〈유산가〉

▶ 〈집장가〉

한편 사계축에서는 '휘모리잡가'라는 빠른 장단의 잡가가 새롭게 등장합니다. 12잡가에 비해 노랫말 내용이 해학적이면서도 과장되고, 조금은 저속한 표현들이 포함되기도 하는데요. 곡의 제목만 보더라도 〈곰보타령〉, 〈기생타령〉, 〈육칠월흐린날〉, 〈생매잡아〉, 〈한잔부어라〉, 〈맹꽁이타령〉, 〈바위타령〉과 같이 12잡가의 곡 제목보다 얌전하지 않고 직설적입니다. 휘모리잡가는 잡다한 내용을 열거하면서 부르는 노랫말도 있고, 개화기 무렵의 사회상을 묘사하며 부르는 노랫말도 있습니다. 특히 〈바위타령〉이라는 곡은 오늘날의 '암기송'과 같은 역할을 했기에 주목할 만합니다.

〈바위타령〉은 서울, 경기도, 황해도, 평안도 지역의 산에 있는 80여 종 바위들을 열거한 노래입니다. 당시 유행하던 민요 〈노랫가락〉과 〈창부타령〉의 선율에 노랫말을 얹어 표현한 것으로, 사대문 안에서 시작하여 서울 근교, 경기 일대, 황해도, 평안도 순으로 바위들을 빠르게 열거합니다. 이는 서민의 삶을 바위를 통해 해학적으로 묘사하면서도, 자연스럽게 다양한 바위들의 이름을 익히게 하는 조상판 암기송이었지요. 가사를 살펴보겠습니다.

"배고파 지어 놓은 밥에 뉘도 많고 돌도 많다 뉘 많고 돌 많기는 님이 안 계신 탓이로다. 그 밥에 어떤 돌이 들었더냐. 초벌로 새문안 거지바위 문턱바위 둥글바위 너럭바위 치마바위 감투바위 뱀바위 구렁바위 독사바위 행금바위 중바위 동교로 북바위 갓바위 동소문밖 덤바위. 자하문밖 붙임바위 백운대로 결단바위 승갓절 쪽도리바위 용바위 신선바위 부처바위. 필운대로 삿갓바위 남산은 꾀꼬리바위 병바위 궤바위 남문밖 자암바위 우수재로 두텁바위 이태원 녹바위 헌다리 땅바위 모화관 호랑바위 선바위 길마재로 말목바위 감투바위 (……) 양천 허바위 김포로 돌아 감바위 통진 붉은바위 인천은 석바위 시흥 운문산 누덕바위 형제바위 삼신바위 과천 관악산 염불암 연주대로 세수바위 문바위 문턱바위. 수원 한나루 영웅바위 돌정바위 검바위 광주 서성바위 이천은 곤지바위 음죽은 앉을바위 여주 혼바위 양근은 독바위(……)."

배고파서 지은 밥에 돌이 많다고 이야기하면서 세상 돌이라는 돌은 다 노래로 엮어 소개하는 모습이 서글프기도 웃기기도 풍자적이기도 합니다. 지도를 펴놓고 노랫말의 지명을 하나씩 찍어가면서 선으로 이어보고, 바위를 연결해보면 저절로 학습이 되겠다는 생각이 들기도 합니다. 이러한 노래들은 당시 문화와 생활상을 엿볼 수 있는 중요한 자료로서 가치를 지닙니다. 〈바위타령〉을 감상해보겠습니다.

◐ 〈바위타령〉

잡가는 앞에서 소개한 경기 잡가인 12잡가, 휘모리잡가 외에도

선소리산타령 공연

서도 잡가, 남도 잡가 등 더 있습니다. 그리고 서서 소고와 장구를 연주하며 노래하는 '선소리산타령'도 있습니다. '선소리산타령'은 수많은 잡가 종류 중 유일하게 국가무형유산으로 지정되어 계승되는 음악입니다. 이 음악은 조선 말기 서울 한강변의 오강五江, 즉 한강, 용산, 삼개, 지호, 서호의 소리꾼들에서 비롯되었다고 하는데, 아마도 사당패와 불교의 영향을 받은 것으로 추정하고 있습니다.

　잡가의 재발견과 계승을 통해 우리는 19세기 중엽 이후를 살아간 선조의 역사와 문화를 더 깊이 이해할 수 있으며, 이를 바탕으로 새로운 문화 콘텐츠를 창출하는 데 영감을 받을 수 있겠지요. 국악을 단순히 과거의 유산으로만 여기지 말고, 현대적 감각으로 생각해 보는 것은 중요한 일입니다. 19세기의 K-POP과 같았던 잡가가 가진 고유의 매력을 더욱 많은 사람이 알고 나름의 방식으로 즐길 수 있기를 바랍니다.

산조는 흩어진 가락을 모은 최고의 독주곡

　　국악 기악 전공자라면 평생의 숙제가 있습니다. '산조' 연주입니다. 산조는 국악 기악 전공의 시작부터 고등학교·대학교·대학원 입시, 악단 입사 시험, 독주회까지 주요 관문마다 기량을 평가하는 절대적 기준으로 작용합니다. 즉, 국악기를 배운다면 평생 연마해야 하는 과제인 셈이죠. 그만큼 산조에는 연주자의 공력과 개성, 성격까지도 모두 반영되어 있습니다.

가야금산조 연주

산조는 19세기 말에 발생한 장르로, 오늘날 국악의 대표적인 장르로 자리매김한 민속악입니다. 주로 판소리와 시나위의 영향을 받아 만들어졌는데, 두 음악이 전라도 일대에서 발생한 것과 마찬가지로 산조 또한 전라도 일대에서 시작되었습니다. 산조는 매우 느린 진양조장단에서 시작하여 점점 빠른 장단에 얹어 연주하는 '모음곡 형식'이자 '한배에 따른 형식'의 음악으로, 산조에서 사용되는 장단들은 각 악장의 이름인 동시에 빠르기말로도 쓰입니다.

산조는 민속악 중에서 유일한 기악 독주 음악으로, 장구 반주가 필수로 들어갑니다. 진양조, 중모리, 중중모리, 자진모리의 네 장단을 기본으로 유파와 악기에 따라 휘모리, 단모리, 엇모리, 굿거리장단이 추가되기도 합니다. 조는 장엄하고 꿋꿋한 '우조', 화평하고 평안한 '평조', 슬프고 애절한 '계면조' 등이 다양하게 사용됩니다.

산조는 원래 악보 없이 구전으로 전해졌습니다. 그러다 보니 스승이 누군지, 어느 지역에서 전해졌는지, 연주자가 누군지에 따라 음악의 특징에 차이가 생기면서 '유파'라는 것이 생겨났습니다. 유파는 산조에서 정말 중요합니다. 예를 들어 가야금산조인데 '성금연'이라는 연주자의 가락을 계승했다면 〈성금연류 가야금산조〉라 부르고, 대금산조인데 '서용석'이라는 연주자의 가락을 계승했다면 〈서용석류 대금산조〉라고 부릅니다. 즉 '○○○(유파 창시자)류 ○○○(악기 이름)산조'의 구조로 이름을 붙이는 것입니다.

산조의 주요 악기별 유파를 잠시 살펴보겠습니다. 이를 알면 산조 독주회에서 음악을 좀 더 구분하기 쉬울 것입니다. 가야금산조는 1880년대에 김창조에 의해 만들어진 가장 오래된 산조입니다. 대표적인 유파로는 성금연류, 최옥삼류, 김병호류, 김죽파류, 강태홍류, 김윤덕류, 서공철류, 김종기류, 심상건류, 신관용류, 한숙구류, 김창조류 등이 있습니다.

거문고산조는 1890년대에 백락준에 의해 창시된 이후 신쾌동류, 한갑득류, 김윤덕류 등이 생겼습니다. 1920년대에 박종기에 의해 만들어진 대금산조는 이후 한범수류, 서용석류, 강백천류, 이생강류 등으로, 1930년대에 지용구에 의해 만들어진 해금산조는 지영희류, 한범수류, 서용석류, 김영재류 등으로 분화되었습니다.

해방 후 아쟁산조는 한일섭에 의해 1950년대에 생겼는데 이후 박종선류, 김일구류, 윤윤석류 등이 형성되었고, 1960년대에 이충선에 의해 발생한 피리산조는 오늘날 정재국류, 서용석류, 박범훈류, 이충선류 등으로 구분됩니다. 이 중에서 거문고산조와 대금산조를 들어보겠습니다.

▶ 〈한갑득류 거문고산조〉

▶ 〈서용석류 대금산조〉

산조의 한자를 살펴보면 '흩어질 산散', '고를 조調'입니다. 즉 산조
는 흩어져 있던 조(가락)라는 의미입니다. 산조는 그 당시에 존재했던
판소리, 시나위의 주요 가락뿐만 아니라 여기저기 흩어져 있던 다양
한 민속악 선율들이 모여 자연스럽게 하나의 장르로 형성된 것입니
다. 그래서 연주자들은 산조를 한자 그대로의 뜻을 빌려 '허튼 가락'
이라고 표현하기도 합니다.

19세기 말, 흩어져 있던 가락을 모아 만들어진 기악 독주는 오늘
날 국악을 대표하는 장르가 되었습니다. 연주자들이 각자의 기량을
극도로 쏟아 표현하는 산조는 국악의 정수를 보여준다고 해도 과언
이 아닙니다. 산조는 고유의 독창성, 아름다움, 즉흥성으로 국악에
관심을 가진 대중에게서 많은 사랑을 받고 있습니다. 앞으로도 산조가
지속적으로 연구되고 연주되어, 그 가치를 이어나가길 기대해봅니다.

요즘에는 젊은 연주자들 사이에서 자신만의 유파를 만들어 선보이는 현상이 점차 늘고 있습니다. 혹시 자신만의 유파를 만들어보고 싶다면, 지금이라도 늦지 않았으니 앞서 소개한 악기 중 마음에 드는 한 가지를 잡아보면 어떨까요?

40
가
지

주
제
로

읽
는

국
악

인
문
학

PART 4

알면 더 좋은
국악에 대한
몇 가지 지식

500명에게 국악을 묻다

이 책을 쓰기 전에 국악을 전공하지 않은 주변 분들을 대상으로 국악에 대한 간단한 설문조사를 했습니다. 국악에 대해 가장 먼저 어떤 이미지를 떠올리는지, 국악에 대해 어떤 점이 궁금한지 알아보 았습니다. 응답은 중복 가능하도록 했습니다.

국악에 대해 가장 먼저
떠오르는 이미지는 무엇인가요?

국악에 대해 대중이 가장 먼저 떠올리는 이미지는 '전통'입니다. 무려 215명이 이를 가장 먼저 언급하였습니다. 국악이 우리 민족의 역사와 문화에 깊이 뿌리내린 음악이라는 인식을 반영합니다. 전통 외 '유산'(52명), '옛것'(38명)이라는 응답이 뒤를 이었습니다. 이는 국악이 지켜야 할 소중한 문화로 인식되고 있음을 나타내면서도, 진부하다는 인식 또한 내포하고 있음을 시사합니다. 다음은 '한복'(31명)이었습니다. 국악은 한복이 잘 어울린다든지, 국악은 한복을 입고 한다는 관념이 대중에게 있다는 것입니다. 다음은 '판소리'(29명)로 국악의 대표 장르를 대중이 판소리로 인식한다는 증거가 됩니다. 그러나 '지루함'(26명)이 뒤를 이었는데 오늘날 대중은 여전히 국악에 흥미를 느끼기 어렵고, 느리다고 느끼고, 접근하고자 하는 마음이 쉽게 생기지 않음을 보여줍니다.

개인에 따라 느끼는 국악에 대한 첫 이미지는 매우 다양합니다. '가야금'(17명), '사물놀이'(16명), '흥'(16명), '신남'(13명), '웅장함'(12명), '풍물놀이'(9명)의 긍정적이거나 일반적인 연상과 함께 '어려움'(13명), '접하기 어려움'(12명)의 부정적인 연상도 함께 존재했습니다.

'풍류대장'(9명), '문화유산'(9명)은 국악이 단순한 음악 이상의 문화적 의미를 지닌다는 것을 반영하며, '우리의 정서'(8명), '계승해야 할 것'(8명)이라는 표현은 국악이 오늘날에도 대중에게 여전히 중요한 가치로 인식됨을 나타냅니다. 또한 '아리랑', '꽹과리', '장단', '단소'와 같은 특정 단어들이 각기 4~5명씩 언급되었고, '이날치'(7명), '송가인'(6명), '송소희'(5명), '서도밴드'(3명), '박다울'(3명)까지 매스컴을 통해 자주 노출되는 국악 관련 인물들도 등장했습니다. 이는 국악이 특정한 전통적 상징 또는 인물과 깊이 연결되어 이미지화되었음을 나타냅니다.

한편 '퓨전', '신나고 정신없다', '알고 보면 꽤 흥미로움'이라는 답변이 국악이 전통과 현대를 아우르며 다양한 매력을 지닌 음악임을 보여줍니다. '배우고 싶은데 낯설고 친숙하지 않음', '이해불가', '익숙하지 않음', '지식 부족'이라는 표현은 대중이 국악을 쉽게 접하지 못하는 현실을 반영하지만, 동시에 국악을 직접 연주해본 것으로 추정되는 응답자의 '합주가 주는 짜릿함', '전통에 대한 애정', '연주를 하면 빠져들게 됨' 같은 답변도 있어 국악을 접한 경우 긍정적 감정을 표출함을 알 수 있지요.

　　국악을 떠올렸을 때 대중이 연상하는 다양한 이미지는 국악이 우리 문화에서 지닌 중요성과 복잡성을 잘 보여줍니다. 전통적이고 유산으로서의 측면이 강조되며, 한복과 판소리 등의 전통 요소와도 긴밀히 연관되어 있습니다. 그러나 동시에 부정적인 인식도 존재하여, 국악이 현대 대중에게는 다소 멀게 느껴질 수 있음을 나타냅니다. 흥미로운 점은 국악을 접한 사람들은 그 매력과 깊이에 긍정적인 평가를 내리고 있다는 것입니다. 이는 국악이 여전히 많은 사람에게 깊은 인상을 주고 있으며, 그 가치를 이해하고 계승하려는 노력이 필요하다는 것을 보여줍니다. 따라서 국악의 접근성을 높일 필요가 있으며, 전통의 계승뿐만 아니라 현대적인 재해석을 통한 대중화 방안 또한 매우 중요합니다. 이러한 노력이 지속된다면, 국악은 전통을 지키면서도 현대적 감각을 반영한 중요한 문화유산으로 자리매김할 수 있을 것입니다.

국악에 대해 궁금한 점을
한 가지만 자유롭게 말씀해주세요

국악에 대해 궁금한 점을 물었을 때의 응답을 요약해보면, 35명의 응답자가 국악기의 종류에 가장 큰 관심을 보였습니다. 구체적으로 살펴보면, 한 응답자는 악기의 구조와 소리 발생 원리에 호기심을 보였고, 다른 응답자는 국악기 소리가 왜 자연의 소리를 닮았는지, 해금은 어떻게 두 줄로 음을 구분해 소리를 내는지 궁금해했습니다. 이러한 질문들은 국악기들이 가진 독특한 특성과 그 연주 방법에 대한 대중의 호기심을 반영합니다.

다음으로는 국악의 음악 원리에 대한 궁금증(11명)과 서양음악과의 차이점(9명)이 뒤를 이었습니다. 한 응답자는 "서양음악의 음계와 국악의 음계가 어떻게 다른지 궁금하다"며 두 음악 체계의 차이를 알고 싶어 했습니다. 또 다른 응답자는 장단과 리듬의 차이점이 궁금하다 하였고, 국악은 다 느린지 궁금하다는 답변도 있었습니다.

그 외 주요 궁금증으로는 국악에 더 쉽게 다가갈 수 있는 방법, 국악의 현대화 가능성, 국악의 매력에 대한 일반인의 인식 개선 방안, 국악을 지루해하지 않는 방법, 어떤 곡부터 들어야 하는지 등이 있었습니다. 한 응답자는 "국악에 더 쉽게 다가갈 방법은 없을까? 전 공자들만의 리그 같다", "K-문화가 열풍인 만큼 우리나라의 고전 음악인 국악도 더 널리 알려지면 좋겠다"며 국악의 대중화 방안을 제

안했지요. 또 다른 응답자는 "국악이 현대화되지 못하는 이유가 궁금하다. 과거부터 인기 가수나 최근 몇몇 유튜버가 국악 트렌드를 리드했는데 그 모멘텀이 이어지지 못하는 이유가 궁금하다"며 국악이 대중에게 지속적인 인기를 유지하기 위한 방법을 알고자 했습니다. 이외에 "국악만이 가진 매력에 대한 일반인의 인식 개선 노력이 적다고 생각한다. 의미 있고 좋은 분야인데 접근하기 힘든 이미지가 강하다고 생각한다"는 의견도 있었습니다.

이를 통해 도출할 수 있는 시사점은 국악의 접근성을 높이기 위한 다양한 노력이 필요하다는 것입니다. 국악이 전공자들만의 영역으로 한정되지 않도록 더 많은 사람에게 쉽게 다가갈 수 있는 교육 프로그램과 홍보 전략이 필요합니다. 또한 국악의 매력을 현대적으로 재해석하고 대중매체와의 결합을 통해 대중화하는 방안이 절실합니다. 예를 들면, 최근에 방영된 여성국극 소재 드라마 〈정년이〉나, 국악을 기반으로 한국무용의 매력을 한껏 발산한 프로그램 〈스테이지 파이터〉처럼 말이지요. 국악의 현대화와 대중화가 함께 이루어진다면, 국악은 전통을 지키면서도 현대적 감각을 반영한 중요한 문화자산이 될 것이기 때문입니다.

이 글을 읽는 여러분은 국악에 대해 어떤 점이 궁금한가요?

크로스오버 국악이란?

오늘날의 국악은 전통을 계승하면서도, 다른 한편으로는 다양한 장르와의 결합을 통해 새로운 형태의 음악으로 재탄생하고 있습니다. 우리는 이를 '크로스오버 국악'이라고 부릅니다. 그렇다면 '크로스오버 국악'은 대체 어떤 음악을 의미할까요?

크로스오버 국악은 앞서 살펴보았던 '창작국악'의 한 범주에 해당하는데, 일반적으로 장르, 소재, 장단, 악기, 연주법 중 한두 가지 이상이 전통적인 국악과 연결될 경우를 지칭합니다. 예를 들면 국악기와 서양악기 또는 국악기와 밴드악기를 혼합하여 연주하는 방식, 국악의 선율과 현대음악의 리듬을 결합하는 방식, 국악곡을 서양식으로 편곡한 방식 등이 있지요.

크로스오버 국악은 국악의 새로운 가능성을 탐구하는 매개이자, 전통과 현대의 경계를 허물며 새로운 음악적 지평을 열고 있습니다. 누군가는 크로스오버 국악이 새로운 K-콘텐츠가 될 것이라고 장

담하기도 합니다. 가장 한국적인 요소를 중심으로 하되 전 세계에서 공유하는 음악의 보편적 특성을 가미하였기 때문이겠지요.

크로스오버 국악의 시초는 20세기 후반으로 거슬러 올라갑니다. 당대 젊은 국악인들로 구성하여 1985년에 등장한 국악그룹 '슬기둥' 은 새로운 양상의 창작국악을 선보였는데, 크로스오버 국악의 시작 을 열었습니다. 국악의 요소를 기반으로 하되 코드 진행과 드럼 비트 등을 음악에 입혀 선보였는데, 당시에는 파격이 아닐 수 없었습니다. 1990년대에는 작곡가 원일을 필두로 하여 국악을 소재로 한 다양한 실험을 하였습니다.

크로스오버 국악은 2000년대에 들어서서 급격히 발전하였습니다. 이는 국악 전공자들이 자신의 전공 음악뿐만 아니라 다양한 분야에 관심을 가지고 지속적인 접목을 시도하였기 때문입니다. 서양음악, 대중음악, 미술, 무용, 영화, 연극 등 인접 예술 분야와의 협업을 통해 새로운 결과물을 만들어냈지요. 한편 인접 예술 분야에 종사하는 예술가들 또한 한국적 색채를 소재로 삼고자 국악과의 크로스오버를 시도합니다. 그러다 보니 자연스럽게 크로스오버 국악의 경계도 색채도 정말 다양하게 확장됩니다. 또한 디지털 기술의 발전과 함께 전자음악과의 결합이 시도되는 현상도 크로스오버 국악의 활성화와 강하게 연관됩니다.

크로스오버 국악의 예시에 대해서는 51~52쪽에서도 살펴보았습니다. 이날치, 씽씽, 악단광칠(ADG7), 고래야Coreyah, 두 번째 달, 그림,

앙상블시나위, 잠비나이, 블랙스트링, 해파리, 서도밴드, 박다울이 대표적인 크로스오버 그룹 또는 뮤지션입니다. 인터넷에 '크로스오버 국악', '국악그룹'을 입력하면 아주 많은 크로스오버 국악이 나올 것입니다.

(상단 왼쪽부터 시계방향으로)
서도밴드, 악단광칠, 잠비나이 , 이날치

최근에는 TV 프로그램을 통해 크로스오버 국악이 대중에게 더욱 가까이 다가왔습니다. 〈조선판스타〉, 〈풍류대장〉, 〈슈퍼밴드〉 같은 프로그램에서는 전통적인 국악과 현대음악을 결합한 다양한 크로스오버 국악 무대를 선보이며 큰 인기를 끌었습니다. 이제는 국악의 특정 요소, 악기, 발성이 음악 자체에 완벽하게 스며들거나, 국악기를 기반으로 상상 이상의 시도를 하는 모습이 자연스러울 정도로 많아졌습니다.

크로스오버 국악은 전통과 현대의 만남을 통해 새로운 음악적 가능성을 탐구하는 중요한 시도입니다. 이는 전통 국악의 깊이와 아름다움을 현대적 감각으로 재해석하여, 더 많은 사람이 국악을 접하고 즐길 수 있게 하는 매개가 됩니다. 크로스오버 국악은 국악의 대중화와 국제화에도 중요한 역할을 하며, 국악이 지속적으로 발전하고 사랑받을 수 있는 기반을 마련하고 있습니다.

앞으로도 크로스오버 국악은 더욱 다양한 시도와 실험을 통해 새로운 음악적 지평을 열어갈 것으로 짐작됩니다. 국악의 전통적인 뿌리를 지키면서도, 현대의 감각과 기술을 접목하여 이전에 듣지도 보지도 못했던 더욱 다양한 크로스오버를 만들어갈 것이라 확신합니다. 현재진행형의 국악 그리고 미래지향적인 국악. 수십 년 뒤에 국악사의 새로운 획을 그을 국악은 과연 어떤 모습일까요?

방구석 국악 플레이리스트

국악을 감상하고 싶은데 어떤 곡을 들어야 할지 모르겠다면 제가 조심스럽게 몇 곡을 추천할까 합니다. 정악, 민속악, 창작국악으로 구분하여 다양한 곡을 제 마음대로 소개해드리겠습니다. 사실 안 좋은 곡은 없지만, 곡마다 고유의 매력과 감동 포인트가 다르니 기호에 맞는 국악을 선택하여 들어보시기를 권합니다.

정악

어릴 때는 정악을 들으면 아무 생각이 없어지거나 지루하다고 느끼고는 했습니다. 이제 마흔이 넘어가니 정악이 제일 좋습니다. 마음을 차분하게 하고 집중도를 높여주니 업무 노동요로 최적입니다.

노동요로 감상하기에는 〈현악영산회상〉을 추천합니다. 〈상영산〉

부터 시작하여 〈군악〉까지 1시간가량 지속되는 차분한 음악을 듣고 있으면 그렇게 마음이 편할 수가 없습니다. 다만 주의해야 할 점은 음악이 자연스럽게 점점 빨라지다 보니 들으면서 일을 하면 업무량도 자연스럽게 늘어날 수 있습니다. 그리고 싶지 않다면, 〈상영산〉과 〈중영산〉만 반복해 들어보면 어떨까요? 마음이 느긋하고 편해질 것입니다. 같은 맥락에서 독주곡은 〈청성곡〉을 추천합니다.

▶ 대금독주 〈청성곡〉

저는 개인적으로 기악곡 중 〈수제천〉과 〈천년만세〉를 가장 좋아합니다. 〈수제천〉은 챕터 31에서도 소개했지만, 이 세상 세련됨이 아닌 음악이라고 생각합니다. 전 세계적으로 극찬을 받았던 장엄한 〈수제천〉을 감상하고 있으면 마치 다른 세계에 있는 느낌이 듭니다.

〈천년만세〉는 느림-빠름-느림의 구조가 매력적인 풍류방 음악입니다. 〈계면가락도드리〉, 〈양청도드리〉, 〈우조가락도드리〉 세 곡이 모인 〈천년만세〉는 타령 장단으로 경쾌하게 시작하는데, 〈양청도드리〉로 넘어가면서 경쾌 발랄의 극치에 달합니다. 이 음악을 듣다 보면 저절로 어깨가 들썩일 수 있습니다. 〈양청도드리〉는 정악 중 가장 빠른 곡이자, 편성된 악기들의 청량한 음색이 조화를 이루기 때문이지요.

사이다 같은 음악을 원할 때는 〈대취타〉를 강추합니다.

가사가 있는 음악을 듣고 싶다면 '가곡' 또는 〈종묘제례악〉을 권합니다. 다만 가사의 뜻을 알고 싶다면 인터넷을 활용하여 찾아보기를 추천합니다. 앞에서 설명했지만 가곡은 의미 있는 말은 짧게 붙이고 의미가 없는 모음은 길게 소리를 뻗는 '어단성장'으로 노랫말을 표현하기 때문에 모음 위주로만 들릴 수 있고, 〈종묘제례악〉은 가사가 한문이라 해석이 필요합니다. 하지만 두 음악 모두 정말 아름답고 의미 있는 노랫말을 가지고 있지요. 저는 개인적으로 가곡 중에서 남창 〈언락〉 '벽사창이', 남창 〈편락〉 '나무도', 여창 〈계면조 평거〉 '사랑 거짓말이', 여창 〈평롱〉 '북두칠성'을 추천하고, 〈종묘제례악〉에서는 〈보태평〉 중 첫 곡인 〈희문〉과 〈정대업〉 중 마지막 곡인 〈영관〉을 추천합니다.

▶ 〈계면조 평거〉 '사랑 거짓말이'

▶ 〈종묘제례악〉에서 〈보태평〉 중 첫 곡 〈희문〉

민속악

민속악은 항상 옳습니다. 정악이 절제를 통해 아름다움을 표현한다면 민속악은 여과 없이 감정을 표출하므로 보다 직관적인 아름다움을 추구하지요. 그렇기에 국악을 처음 접하는 대중이 쉽게 다가가기에는 정악보다 훨씬 효과적입니다.

아무래도 대중이 가장 익숙한 민속악은 사물놀이와 민요가 아닐까 합니다. 사물놀이는 다양한 경로로 경험해봤을 가능성이 높은데요. 실제로 연주해보는 것도 좋지만, 감상만으로도 흥이 과하게 넘쳐 들썩거리게 만듭니다. 특히 '하늘 보고 별을 따고'로 시작하는 축원 덕담을 하는 별달거리 장단부터 징 연주자가 징 대신 꽹과리를 잡고 상쇠와 꽹과리 가락을 주고받으며 연주하는 '짝쇠', 그리고 절정에 달하며 마무리하는 사물놀이의 마지막 연주는 잠시도 눈을 뗄 수 없는 감상 포인트입니다.

한편 민요는 우리 조상의 삶과 감정을 여과 없이 담아냈기에 평소 우리의 감정선과도 가장 맞닿아 있습니다. 매스컴에서도 쉽게 접할 수 있는 민요는 지역별로, 장단별로, 노랫말의 주제별로 희로애락을 표현하는 매우 다양한 음악이 있으니 기호에 맞게 찾아 감상하면 좋겠습니다. 국악 감상 초보자라면 172쪽에 언급한 각 지역의 〈아리랑〉부터 찾아서 비교해 들어보면 됩니다.

격한 감정의 소용돌이를 느끼고 싶다면 시나위와 판소리를 강추

합니다. 각 악기가 독립적인 선율을 연주하는 즉흥음악이면서도 묘하게 조화를 이루는 격정적인 시나위, 그리고 한 편의 영화처럼 감정선이 왔다 갔다 하는 판소리는 민속악 중에서도 감정의 표현이 가장 극적인 장르입니다. 국악을 30년 이상 전공한 저조차 시나위와 판소리는 여전히 들을 때마다 소름이 돋습니다. 덧붙여 판소리에서 감정 소모가 가장 많이 되는 대목은 아무래도 〈심청가〉 중 '심봉사 눈 뜨는 대목'이 아닐까 합니다.

● 〈심청가〉 중 '심봉사 눈 뜨는 대목'

창작국악

창작국악은 앞에서도 여러 차례 소개했습니다. 그래도 특징적인 몇 곡을 소개해보겠습니다. 저는 국악관현악 지휘를 10년가량 했습니다. 그러다 보니 관현악곡 중 대중에게 반응이 좋은 곡들이 보입니다.

연주를 다닐 때 관객이 가장 좋아하는 국악관현악 곡은 이준호 작곡의 〈축제〉 3악장, 한태수 작곡의 〈Fly to the Sky〉, 이경섭 작곡의 〈방황〉, 양방언 작곡의 〈Frontier〉, 원일 작곡의 〈신뱃놀이〉, 박범훈 작곡의 〈신모듬〉 정도를 꼽을 수 있습니다.

국악관현악은 실제 관람할 때 압도적인 감상 효과를 보입니다. 그래도 방에서 이 곡들을 감상해도 그에 못지않은 행복을 느낄 수 있습니다. 〈축제〉와 〈신모듬〉은 국악기 및 전통적 국악 요소를 중심으로 만들어진 신명 나는 음악이고, 〈방황〉과 〈Frontier〉는 현대적 감각으로 재해석한 웅장한 스케일의 음악입니다. 〈Fly to the Sky〉는 노래가 포함된 버전인 '아름다운 나라'로도 잘 알려져 있습니다. 〈신뱃놀이〉는 중간에 등장하는 매우 다양한 악기들의 조화를 살펴보는 것이 포인트이지요.

황병기의 〈미궁〉을 들어보셨나요? 1975년에 만들어진 이 곡은 가야금을 바이올린 활을 이용하여 연주하는 등 새로운 음향적 시도와 기이한 목소리로 부르는 가사로 초연 당시부터 화제였습니다. 오늘날에도 영화, 드라마, 게임의 배경음악으로 자주 활용되고 있습니다. 시원한 여름을 만끽하고 싶다면 조용한 방에서 혼자 이 음악을 들어보면 됩니다. 아주 효과적일 것입니다. 이 곡은 인간의 희로애락과 세상만물의 이치를 표현하였으며, 가야금과 사람의 목소리만으로 연주한답니다.

이날치의 음악 중에서는 워낙 유명한 〈범 내려온다〉 말고도 〈좌우나졸〉이라는 멋진 곡을 추천합니다. 판소리 〈수궁가〉 중 '토끼 잡아들이는 대목'을 그룹 이날치가 밴드 반주에 맞춰 편곡한 곡입니다. 한국관광공사에서 제작한 전주 홍보영상에도 삽입되었습니다.

별주부가 토끼를 용왕 앞에 대령하기 위해 좌우의 나졸들을 앞세우는데, 토끼는 이 위기를 모면하기 위해 나는 토끼가 아니라 개, 소, 말이라 거짓말하는 재미있는 내용입니다. 랩보다 빠른 속사포 판소리가 일품이지요.

평창동계올림픽 폐막식을 장식한 그룹 잠비나이가 연주한 〈소멸의 시간〉은 거문고, 해금, 태평소를 가지고 헤비메탈 사운드를 구현해냈습니다. 완벽한 한국식 메탈밴드지요. 유사한 맥락으로 루프스테이션을 활용하여 거문고의 다채로운 사운드를 최대한으로 끌어낸 박다울의 〈거문장난감〉도 매우 인상적입니다. 그리고 '조선팝'이라고 명명한 서도밴드의 〈사랑가〉는 판소리의 소재, 아니리, 소리를 기반으로 만든 달달하고 트렌디한 밴드음악입니다. 이런 음악이 나오게 된 배경은 보컬인 서도가 판소리 전공 출신의 실용음악 전공자이기 때문입니다.

무속음악을 기반으로 만든 힙한 음악도 있습니다. 악단광칠ADG7의 〈영정거리〉가 그렇습니다. 이 곡은 황해도 굿 '영정거리'를 현대적으로 해석하여 굿판에서 느낄 수 있는 신명과 해학을 다양한 국악기의 선율과 장단으로 극대화했습니다. '영정거리'는 오갈 곳 없는 귀신들을 달래거나 꾸짖으며 몰아내면서 액운이나 우환이 없도록 하는 정화의식이라고 할 수 있습니다. 이 그룹은 완벽한 밴드 사운드를 만들어내지만 사실 구성 악기들이 모두 국악기입니다.

그 외 박애리의 〈쑥대머리〉, 두 번째 달의 〈어사출두〉, 고영열의

〈사랑가〉, 앙상블시나위의 〈눈 먼 사랑〉, 동화의 〈비 갠 뒤〉, 씽씽의 〈민요메들리〉를 강추하니 꼭 감상해보기를 바랍니다.

정악, 민속악, 창작국악의 고유한 특징과 매력을 골고루 느끼다 보면 국악이 더 친근해질 것입니다.

마지막에 읽는 책 사용설명서

혹시 이 책을 차례대로 읽으셨나요? 만약 이 장의 제목이 '사용설명서'라고 해서 여기부터 읽으시면 곤란합니다. 마지막 글은 이 책을 정독한 독자들이 어떻게 하면 이 책을 효과적으로 활용할 수 있는지, 또는 삶에 적용할 수 있는지에 대한 꿀팁을 알려드리는 히든 장이니까요.

국악에 대한
고정관념을 깨고 싶다면

혹시 여전히 국악이 느리고 어려운 음악이라는 고정관념을 갖고 있으신가요? 이 책을 통해 다양한 국악의 얼굴을 보셨겠지만, 국악에 대한 고정관념을 더 확실히 깨부수기 위해서는 몇 가지 점을 상기하면 도움이 될 것입니다.

　우선 파트 1을 다시 한번 꼼꼼히 살펴주기를 바랍니다. 글을 읽어 보면 모든 국악이 느린 것도, 정간보를 꼭 사용해야 하는 것도, '한恨'이 생명인 것도, 한복을 입고 해야만 하는 것도, 조선시대 음악으로 국한된 것도 아님을 알 수 있습니다. 많은 사람이 국악이라 하면 '한복을 입고 연주하는 한이 담긴 느린 속도의 조선시대 음악'을 떠올립니다.

　그러나 〈양청도드리〉처럼 서양의 빠른 음악과 비교해도 손색없는 생동감 있는 음악도 있고, 사물놀이처럼 에너지가 넘치는 장르도 있습니다. 어떤 국악은 오선보에 표기하기도 하고, 어떤 국악은 자유로운 복장으로 연주하기도 합니다. 국악은 '한'이 생명이라는 생각을 많이 갖고 있지만, 사실 그 이상의 정서를 담고 있기도 합니다.

　또한 우리가 가늠하지 못하는 아주 오래전에 만들어지기도, 문화가 억압되던 일제강점기에 자생하기도 했으며, 오늘날에도 현재진행형으로 끊임없이 만들어지고 있습니다.

　국악에 대해 내가 가진 생각이 일반적인지 알고 싶다면, 챕터 37을 읽어보시길 바랍니다. 500명에게 물어본 국악에 대한 이미지, 그리고 국악에 대한 궁금증을 적어놓았으니 다른 사람들의 생각과 비교해볼 수 있습니다.

학교 교육에서
이 책을 활용하고 싶다면

학교에서 학생들에게 국악을 가르치는 것은 문화적 가치와 정체성을 심어주는 데 매우 중요합니다. 이 책을 학교 현장에서 교육적 목적으로 활용할 수 있는 방법은 다양합니다.

우선 체험형 학습을 통한 접근을 추천합니다. 학생들이 책에 나온 내용과 연관하여 직접 악기를 연주해보거나, 음악을 감상해보면서 이해를 심화할 수 있습니다. 예를 들어, 풍물놀이에 대한 학습을 하면서 자진모리장단으로 간단한 풍물 장단을 익혀본다든지, 민요에 대해 읽고 지역별 대표 민요들을 찾아 불러본다든지, 국악기를 배우는 첫 단계에서 〈도드리〉를 학습한다면 '책에서 보던' 음악이 아닌 온전한 각자의 것으로 내면화할 수 있습니다. 또는 크로스오버 국악에 대한 내용을 학습하면서 다양한 종류의 크로스오버 국악곡을 감상해보고 전통적인 국악과 소재, 장단, 악기 편성, 연주법에서 어떤 점이 같거나 다른지 논의할 수 있습니다.

판소리 다섯 마당의 눈대목, 지역별 〈아리랑〉을 비교하며 감상해보기, 영화 속에 등장한 다양한 국악 찾아보기 같은 활동으로 더 깊이 알 수도 있습니다. 물론 감상문 작성 활동도 수월해질 것입니다.

프로젝트 학습을 활용하여 학생 스스로 국악을 탐구하게 하는 방법도 좋습니다. 학생들에게 국악의 변천, 각 악곡의 배경, 악기의 종류와 역할에 대해 조사해보고 발표하도록 할 수 있습니다. 〈종묘제례악〉과 〈영산회상〉의 역사와 의미, 판소리의 등장 배경과 다섯 마당, 그리고 사라진 일곱 마당의 내용, 세종대왕의 음악적 업적이나 고악보, 『악학궤범』에 담긴 내용을 탐구하고 발표하게 하면 국악의 다양한 면을 깊이 이해할 수 있습니다.

지역사회와 연계한 교육도 좋은 방법입니다. 국립국악원이나 지역의 국악 공연, 전통문화 행사에 참여하게 함으로써 학생들이 교실을 벗어나 국악의 현장감을 느끼도록 하는 것입니다. 특히 표지석을 따라 국악의 발자취를 여행해보거나, 지하철에서 환승음악과 같은 국악을 만나 보거나, 각 장르를 대표하는 국악인을 탐색하여 인터뷰를 진행해보는 활동은 단순히 수업을 넘어 국악을 더욱 친숙하게 여길 수 있는 계기를 마련해주리라 확신합니다. 미술관이나 박물관에 가서 국악 관련 그림 또는 유물을 찾아보는 것도 타 교과 연계학습 면에서 바람직할 것입니다.

다양한 국악곡의 특징을
이해하고 싶다면

국악은 곡마다 고유한 이야기를 담고 있으므로, 그 배경을 이해하면 더 깊이 감상할 수 있습니다. 이 책을 통해 다양한 국악곡의 특징을 이해하는 방법을 소개해보겠습니다.

첫째, 곡의 역사적, 문화적 배경을 탐구하는 것이 중요합니다. 국악곡은 저마다 발생의 배경과 목적이 다르므로, 각 곡과 연계하여 시대적 상황과 문화적 배경을 이해하면 곡의 의미가 더 깊어집니다. 예를 들어, 〈여민락〉은 세종대왕이 백성을 위하는 마음으로 작곡한 곡으로, 음악에 담긴 왕의 애민정신을 이해하는 것이 중요합니다. 사물놀이의 경우 풍물놀이에서 유래하여 공동체의 기쁨과 열정을 담고 있으며, 판소리는 조선 후기 양반에 대한 저항의식이 담긴 민중 음악이었지요. 이렇듯 각 음악의 배경을 알면 국악이 단순히 음악적 표현을 넘어서 그 시대의 정서와 가치를 담고 있음을 알 수 있습니다.

둘째, 국악곡에 사용된 악기의 특성과 연주 방식을 이해하는 것도 곡의 특징을 파악하는 데 도움이 됩니다. 가야금 산조는 가야금이 가진 부드러우면서도 힘 있는 음색을 최대한 살려내며, 대금 산조는 대금의 청아한 소리와 함께 구슬프고 깊은 정서를 표현합니다. 시나위는 그러한 악기의 음색이 결집된 풍성한 사운드를 만들어냅니다. 유사한 악기 편성이지만 〈취타〉나 〈여민락〉은 보다 정제되고 웅장한 소리를 들려줍니다. 국악에서는 악기 소리와 주법이 결합하여 곡의 정서와 의미를 전달하는 방식이 그 특유의 매력을 전합니다.

마지막으로, 책에 등장한 주요 국악곡들을 비교하며 감상해보는 것도 좋습니다. 정악, 민속악, 창작국악은 각기 담은 특징이 매우 다르며, 그 안에서도 장르나 악곡의 차이에 따라 전혀 다르게 느낄 수 있습니다. 〈종묘제례악〉 같은 궁중음악의 엄숙함, 〈영산회상〉 같은 풍류방 음악의 산뜻함, 판소리의 강렬함, 시나위와 산조의 자유로움, 국악관현악의 웅장함, 크로스오버 국악의 힙함이 그렇습니다. 이와 같이 다양한 국악곡의 비교 감상은 국악의 다양한 스타일과 매력을 이해하는 데 도움이 됩니다.

역사와 연결하여
국악을 알아보고 싶다면

국악은 우리 선조의 역사와 밀접하게 연관되어 있으며, 각 시대의 정서를 반영해왔습니다. 따라서 국악을 역사와 연결하여 알아보면 그 가치를 더 깊이 이해할 수 있습니다.

국악의 역사는 챕터 8에 자세히 담았습니다. 글을 통해 먼저 삼국시대부터 조선시대까지 국악의 발전 과정을 탐구해보면 좋습니다.

예를 들어, 거문고는 고구려의 대표 악기로, 발생 이래 조선시대까지 왕실을 비롯하여 지식층의 음악적 교양을 나타내는 상징이 되었습니다. 통일신라시대에는 궁중의 향악과 불교의 범패가 발달했고, 고려시대에는 아악이 유입되어 국악의 폭이 넓어졌으며 고려가요가 크게 유행했습니다. 조선 초기에는 세종대왕을 중심으로 궁중음악이 발전한 반면, 양란 이후 혼란스러웠던 조선 후기에는 민속악이 크게 발전했지요. 이러한 시대별 변화를 살펴보면 국악이 각 시대의 문화와 정서를 반영하며 발전해왔다는 것을 알 수 있습니다.

전통과 현대의 융합을 통해 국악의 미래를 탐구하는 것도 의미가 있습니다. 20세기 후반부터 새롭게 등장한 크로스오버 국악은 전통과 현대를 아우르며 국악의 경계를 확장시켰습니다. 슬기둥, 이날치 같은 크로스오버 그룹은 국악과 대중음악을 결합하여 현대적으로 해석하며, 국내외 관객에게 친숙하게 다가가고 있습니다. 이러한 시도들을 살펴보면서 국악이 과거의 전통을 넘어 현대사회에서도 활발히 융합되며 현재진행형의 역사를 만들어가고 있음을 느껴보면 좋겠습니다.

일상에서 국악을
향유하고 싶다면

국악은 더 이상 전통적인 행사나 공연장에서만 들을 수 있는 '먼 음악'이 아닙니다. 서울지하철 환승역에서는 〈풍년가〉를 편곡한 환승 음악이 흘러나와 많은 사람이 매일 국악을 자연스럽게 경험합니다. 고속철도나 다른 지역의 지하철에서도 유사한 현상이 나타나고 있습니다. TV를 틀어도 국악 기반 음악이 예능이나 드라마 배경음악으로 빈번히 나옵니다.

더 적극적으로 국악을 일상에서 만나고 싶다면 생활의 배경음악으로 국악을 써보면 어떨까요? 책의 챕터 39를 보면 업무에 적합한 음악, 청량한 음악, 가사가 있는 음악, 희로애락을 표현하는 음악, 격한 감정을 표현하는 음악, 현대적 감각의 웅장한 음악, 미스터리한 음악, 힙한 음악, 달달하거나 헤비한 밴드음악 등 다양한 종류의 플레이리스트를 추천해두었으니 적극 활용하기를 권장합니다.

예를 들어보겠습니다. 아침 알람은 사물놀이로, 출근길에는 멋스러운 하루를 위해 이날치와 악단광칠의 음악을, 회사에서는 〈현악영산회상〉의 반복 재생으로 마음의 안정과 노동력의 향상을, 진정한 휴식이 필요할 때는 대금으로 연주하는 〈청성곡〉을 들어보는 식입니다. 그리고 퇴근길에는 해방의 마음을 표현한 웅장하고 상쾌한 국악 관현악을 감상하면 좋겠죠.

유튜브 같은 플랫폼에서 다양한 국악 크로스오버 밴드의 영상을 감상해보는 것도 일상에서 국악을 향유하는 좋은 방법입니다. 책에 소개한 다양한 크로스오버 국악은 전통과 현대를 아우르며 듣는 재미를 배가시켜, 젊은 세대뿐 아니라 모든 연령층이 일상에서 즐겁게 국악을 향유할 수 있는 길을 열어줄 것입니다. 당연히 정악이나 민속악 역시 유튜브에서 쉽게 찾을 수 있습니다. 이 책을 악곡 해설의 가이드로 삼아 적극적인 감상을 시도해보기를 바랍니다.

국악은 우리의 문화적 정체성과 연결된 소중한 자산이자, 다양한 감정을 담아내는 예술입니다. 이 책이 그 길을 안내하는 길잡이가 되기를 바랍니다.

| 사진 출처 |

p19   성호 이익 ⓒ안산시

성호사설 ⓒ한국민족문화대백과사전

p23   『세종실록』악보 ⓒ한국학중앙연구원

『세조실록』악보 ⓒ국사편찬위원회, 우리역사넷

p25   합자보가 주를 이루는 『금합자보』ⓒ국립국악원

육보가 중심이 된 『유예지』ⓒ한국민족문화대백과사전

p27   정간보 중심의 정악보, 오선보로 표기한 '시나위' 악보 ⓒ국립국악원

p35   홍주의를 입고 있는 조선 후기 악사들(무신진찬도병) ⓒ국립중앙박물관

홍주의를 입은 악사들과 청삼을 입은 집박 ⓒ국립국악원

p36~38   대취타 연주 모습, 사물놀이 연주 모습, 〈평조회상〉음악 연주 모습, 국악관현악 연주 모습 ⓒ국립국악고

p39   창극 '리어'의 복장 ⓒ국립극장

p40   크로스오버 국악그룹 '악단광칠'의 복장 ⓒ악단광칠

p42   풍류방 음악인 '가곡'의 연주 모습 ⓒ국립국악고

p57~64   국악기 사진(편종, 특종, 방향, 나발, 편경, 특경, 가야금, 거문고, 대아쟁, 소아쟁, 해금, 향비파, 당비파, 대금, 중금, 소금, 지, 향피리, 당피리, 세피리, 단소, 약, 적, 소, 생황, 훈, 부, 절고, 용고, 진고, 박, 축, 어, 태평소) ⓒ국립국악원 사진자료실(한국의 악기)

p61   퉁소 ⓒ국립국어원,

p63   좌고 ⓒTerry Ballard, 위키피디아

p67   후실의 무악도(서역과의 문화 교류 흔적) ⓒ한국무용사

무용총의 거문고 연주 모습 ⓒ국사편찬위원회, 우리역사넷

p68   백제 금동대향로에 표현된 다섯 악사의 연주 모습 ⓒ국립부여박물관

p68~69   일본에 남아있는 기악무 가면, 가야금을 연주하는 신라 토우 ⓒ경주박물관 소장

p69~70   일본 신라금(가야금)의 모습, 범패 중 바라춤을 추는 승려들 ⓒ이동희

p70   처용 신화를 바탕으로 만든 처용무 ⓒ국가유산청

p72   정효공주 무덤 벽화에 그려진 박, 공후, 비파 ⓒ정기환, 국립중앙박물관

p72   발해에서 발견된 초원의 악기, 바르간 ⓒ강인욱

p73   고려가요 청산별곡의 악보 ⓒ이동희 소장

p74   포구락, 문묘제례악 연주 ⓒ국립국악원

사진 출처

참고문헌

단행본 및 논문
- 국립국악원(2015), 『피리정악보』, 국립국악원.
- 국립국악원(2010), 『한국음악, 제38집: 시나위』, 국립국악원.
- 이동희(2020), 『단숨에 끝내는 국악 기초 이론』, 음악과생활.
- 이동희(2020), 「코리안 디아스포라 음악에 관한 개괄적 검토」, 『이화음악논집』, 24집 1호, 이화음악연구소.
- 이동희(2022), 「미래 전승을 위한 아리랑 중등교육 점검 및 교육콘텐츠 개발 방안」, 『동양음악』, 51집, 서울대학교 동양음악연구소.

고악보 및 문헌
- 『고려사』
- 『금합자보』
- 『대악후보』
- 『삼국사기』
- 『삼국유사』
- 『성호사설』
- 『세조실록』
- 『세종실록』
- 『속악원보』
- 『시경』
- 『시용향악보』
- 『악장가사』
- 『악학궤범』
- 『어은보』
- 『유예지』
- 『증보문헌비고』
- 『한금신보』
- 『현금동문유기』
- 『현금신증가령』

인터넷 사이트
- 유튜브 채널 '취재대행소 왱' https://www.youtube.com/watch?v=MJYMgpt6TBk
- 조선일보 '신문은 선생님 – 얼씨구 국악' https://www.chosun.com/national/nie/

* 이 도서는 2024년 문화체육관광부의 '중소출판사 성장
  부문 제작 지원' 사업의 지원을 받아 제작되었습니다.

처음 만나는 국악 수업

40가지 주제로 읽는 국악 인문학

초판 1쇄 발행 2025년 1월 15일
초판 2쇄 발행 2025년 5월 25일

지은이 이동희
기획 김민호 | **편집** 김민기 | **디자인** 이선영
종이 다올페이퍼 | **제작** 명지북프린팅

펴낸곳 초봄책방
출판등록 제2022-000040호
주소 경기도 파주시 가온로 205, 717-703
전화 070-8860-0824 | **팩스** 031-624-8894
이메일 chobombooks@hanmail.net
인스타그램 @paperback_chobom

© 이동희, 2025
ISBN 979-11-985030-7-7(03670)